D1236948

L'école privée

Pour ou contre?

Catalogage avant publication de Bibliothèque et
Archives nationales du Québec et Bibliothèque et
Archives Canada

Durand, Guy, 1933-

L'école privée : pour ou contre?
Comprend des réf. bibliogr.
ISBN 978-2-923491-02-8
1. Écoles privées – Québec (Province).
2. Enseignement, Systèmes d' – Québec (Province).
3. Écoles privées – Aspect social – Québec (Province).
I. Titre.

LC51.2.Q8D87 2007   371.0209714   C2007-941430-3

Auteur
Guy Durand

Conception visuelle
Bernard Méoule

Infographie
Linda St-Pierre
Nathalie Perreault

Les Éditions voix parallèles

Président
André Provencher

Directeur à l'édition
Martin Rochette

Adjointe à l'édition
Martine Pelletier

Dépôt légal – Bibliothèque et Archives
nationales du Québec, 2007
Dépôt légal – Bibliothèque et Archives
Canada, 2007
3e trimestre 2007

ISBN 978-2-923491-02-8
Imprimé et relié au Québec

LES ÉDITIONS
voix para//è/es

7, rue Saint-Jacques
Montréal (Québec) H2Y 1K9
1 800 361-7755

L'éditeur remercie le gouvernement du
Québec pour l'aide financière accordée
à l'édition de cet ouvrage, par l'entre-
mise du Programme de crédit d'impôt
pour l'édition de livres, administré par
la SODEC.

L'éditeur bénéficie du soutien de la
Société de développement des entreprises culturelles (SODEC) pour son
programme d'édition et pour ses activités de promotion.

Nous reconnaissons l'aide financière
du gouvernement du Canada, par l'en-
tremise du Programme d'aide au développement de l'industrie de l'édition
(PADIÉ), pour nos activités d'édition.

Guy Durand

L'école privée
Pour ou contre?

LES ÉDITIONS
voix para//è/es

TABLE DES MATIÈRES

INTRODUCTION

L'école publique est en crise, clame-t-on sur tous les toits: classes surchargées, manque d'éducateurs et de professionnels spécialisés, enseignants épuisés, taux de diplomation réduit, baisse de clientèle, décrochage scolaire, fermetures d'écoles y compris la dernière école de quartier ou de village, manque de ressources financières. La solution proposée par certains est simple : diminuons les subventions à l'école privée, voire supprimons-les, pour concentrer les ressources dans un réseau unique, public. Non, répliquent d'autres : ce n'est pas en supprimant ce qui va bien que l'on redresse ce qui va mal. Cherchons ailleurs.

La question mérite une analyse minutieuse, basée sur une information adéquate. La situation, en effet, est complexe : l'état des lieux est difficile à connaître, les chiffres malaisés à trouver[1], les arguments délicats à jauger, les remèdes non évidents. Plusieurs informations données dans les médias de masse sont incomplètes. Les comparaisons avec les autres pays sont délicates.

1. Voir la section Notes, à la page 133.

La présente analyse repose sur un grand nombre de documents et plusieurs consultations. Certains chiffres ont été arrondis par souci de simplification et de clarté. Pour les besoins de cet essai, il suffit d'ailleurs qu'ils indiquent un ordre de grandeur.

Comme il faut commencer par connaître les faits, le chapitre 1 offre un portrait de l'école privée : il contient de l'information peu connue, parfois étonnante, sur les coûts, les règlements internes, la situation socio-économique des parents d'élèves, etc.

Le chapitre 2 analyse les principaux arguments avancés dans le débat, en particulier le coût social du réseau privé, l'élitisme, la liberté de choix des parents, l'égalité des chances, l'avantage de la diversité. On y verra, entre autres, que les deux arguments les plus souvent invoqués contre l'école privée ne tiennent pas la route. Le système est beaucoup moins élitiste qu'on le dit généralement. Et il est faux de prétendre que le gourvernement ferait des économies en arrêtant de subventionner le système privé. Cette analyse justifie pleinement, en fin de compte, l'existence et le développement du réseau privé, y compris le maintien des subventions gouvernementales.

Le dernier chapitre, enfin, suggère quelques éléments pour améliorer le réseau public autant que le privé, afin d'en faire deux réseaux complémentaires,* attrayants et stimulants. Bien comprise, la démocratie ne demande pas qu'un groupe (groupe

---

* Le mot « complémentaire » est pris ici dans le *sens commun* d'une complémentarité ouverte, souple, basée sur la richesse de la diversité, et susceptible de contrer le monolithisme scolaire; et non pas au *sens technique et restrictif* qu'il a pris parfois ces dernières années, à savoir : « serait complémentaire seulement ce que n'offre pas ou ne peut facilement offrir le secteur public ». Le mot a donné lieu au cours des ans à des débats acerbes. Voir Myriam Simard, *L'enseignement privé. 30 ans de débats*, IQRC/Les éditions Thémis, 1993, p. 63, 66, 89, 114, 115, 177-182.

majoritaire ou groupe de pression) impose aux autres sa vision des choses, mais que, à l'intérieur d'un projet social, d'une orientation privilégiée par la société, il reste de l'espace pour que chacun puisse trouver sa place.

Mais avant d'aborder le vif du sujet, quelques informations d'ordre historique s'imposent pour situer la question sur un horizon plus vaste.

Précisons enfin une chose. Même si ce livre porte sur l'importance du réseau d'établissements privés, cela ne dévalorise absolument pas le réseau public. Il est même normal que la société privilégie le réseau public d'établissements scolaires. Mes propres enfants ont fréquenté, en majeure partie, l'école publique. Il existe indubitablement d'excellentes écoles publiques. Je connais des enseignants, actuels et retraités, qui y font ou y ont fait un travail exceptionnel, y compris dans les classes spéciales d'élèves en difficulté. Je revendique seulement le droit du réseau privé à un développement sain et la possibilité concrète pour les parents de choisir pour leurs enfants l'école qui correspond à leurs convictions.*

---

* Le présent manuscrit était déjà chez l'éditeur quand est paru l'Avis du Conseil supérieur de l'éducation (CSE) sur la diversification de la formation au secondaire. Comme l'Avis traite abondamment du secteur privé, il a paru utile d'y faire allusion dans un court annexe (voir page 121).

AVANT-PROPOS

Jusqu'au début des années 1960, sans minimiser l'importance des écoles publiques primaires et secondaires (parfois avec section classique), le Québec s'est développé, en grande partie, grâce à une éducation donnée dans un réseau d'écoles privées confessionnelles, souvent à l'intérieur de pensionnats tenus par des religieux et religieuses. Plusieurs établissements privés actuels s'inscrivent dans la stabilité d'une tradition s'étendant sur des décennies.

Dans l'enthousiasme de la « Révolution tranquille » des années 1960-1966, on a voulu concilier démocratisation et tradition. Cela a donné au système d'éducation trois caractéristiques :
– la pleine légitimité de l'État comme pouvoir organisateur, avec, entre autres éléments, la création du ministère de l'Éducation en 1964;
– le maintien de plusieurs traits confessionnels : écoles publiques confessionnelles, option en enseignement moral et religieux catholique et protestant;
– le droit des parents de choisir des établissements d'enseignement répondant à leurs préférences : école publique ou privée.

Le réseau public a alors pris un essor remarquable. Il a permis au Québec de progresser rapidement sur la voie de la scolarisation.[2]

La réforme, cependant, a donné lieu à des débats constants, particulièrement à propos des subventions aux écoles privées. Les uns insistent sur le droit des parents au choix de l'école pour leurs enfants, suite à leur responsabilité première et incontournable, et voient dans le double réseau d'écoles une saine et utile concurrence. Les autres privilégient la responsabilité de l'État, réclament un réseau unique d'éducation et présentent le secteur privé comme source d'inégalité sociale et de concurrence déloyale. Quelques repères méritent d'être rappelés.

Entre l'abolition du réseau privé au profit du seul réseau public et la concurrence entre les deux réseaux, la Commission Parent (vol. 4, 1966) avait suggéré un compromis. Les écoles privées avaient besoin d'argent et le réseau public, de locaux et de ressources. On a alors offert au privé de s'associer à une commission scolaire, de renoncer aux droits de scolarité et d'accepter tous les enfants. En échange de quoi, l'État finançait l'école à 100 %. Ce fut le régime des *écoles associées* qui dura pratiquement deux ans.[3] Les écoles privées qui voulaient garder leur autonomie ne pouvaient être subventionnées à plus de 50 %. Ce régime n'était d'ailleurs accessible qu'aux écoles secondaires et aux écoles primaires à projet particulier, comme l'accueil d'élèves en difficulté ou le pensionnat.

Après des débats déchirants, aussi bien au sein de la population qu'à l'intérieur du ministère de l'Éducation, la première Loi sur l'enseignement privé (loi 56), adoptée en 1968, inversa

la tendance.[4] Elle accepta l'autonomie des é‹
leur fournissant des subventions appréciables, moyennant ‿
taines conditions, qui redonnèrent la possibilité de choix à une
large proportion de parents. La Loi distinguait trois catégories
d'écoles privées : les premières reconnues d'intérêt public,
subventionnées à environ 80 % du coût moyen d'un élève du
réseau public; les secondes reconnues pour fins de subvention
seulement, laquelle ne dépassait pas 60 %; les troisièmes
n'ayant qu'un *permis* sans aucune subvention. La Loi profita
non seulement aux écoles catholiques et protestantes, mais
aussi aux autres : par exemple, aux écoles juives dès 1968,
puis, notamment à partir de 1974, aux écoles dites ethniques.
La Loi portait sur les « écoles privées » en général, mais, en
pratique, le réseau préscolaire et primaire fut l'objet de toutes
sortes de limitations jusqu'en 1992.[5]

En 1992, la précédente Loi sur l'enseignement privé fut abro-
gée et remplacée par une autre (loi 141) qui maintient le principe des subventions basées sur le coût moyen d'un élève du
secteur public. La loi limite son champ en transférant les
écoles de « culture personnelle » (danse sociale, macramé, etc.)
à l'Office de la protection du consommateur. Elle ne fait plus
qu'une catégorie d'écoles subventionnées, laquelle inclut
explicitement les écoles des niveaux préscolaire et primaire.
Dès lors, très peu d'amendements significatifs ont été apportés
à la loi, même si elle a été régulièrement modifiée.

En 1995-1996, la Commission des États généraux sur l'éducation recommandait au gouvernement de réduire graduellement
jusqu'à zéro le financement public de l'enseignement privé et
de favoriser son intégration au réseau public. Le gouvernement

n'a pas donné suite à cette recommandation. Et, par la suite, plusieurs ministres de l'Éducation ont invité les responsables du réseau public d'enseignement à offrir des parcours de formation diversifiés sur le modèle du réseau privé.

Or, voilà que les journaux du 10 mars 2005 informent de la création d'un vaste Regroupement pour la défense et la promotion de l'école publique qui reprend la même demande : réduction progressive des subventions aux écoles privées et leur abolition à terme.[6] Le tout assorti d'arguments et de statistiques sur lesquels on reviendra.

En juin 2005, lors de son congrès national, le Parti québécois inscrit dans son programme de « réduire de façon importante les subventions aux écoles privées pour signifier clairement que l'école publique est le lieu premier et essentiel pour réaliser l'intégration de toutes les Québécoises et de tous les Québécois ».

En sens contraire, la Fédération des établissements d'enseignement privés (FEEP) milite pour montrer la pertinence du réseau privé. Selon un sondage de Léger Marketing réalisé en août 2005 auprès de 1 700 personnes réparties sur l'ensemble du territoire québécois, 84 % des répondants voient la présence de deux réseaux scolaires comme un avantage pour le Québec, contre 12 % qui pensent l'inverse. De plus, 75 % des répondants estiment que la présence d'un réseau privé ne nuit pas au réseau public. Au sujet du financement actuel du réseau privé par l'État, 39 % des répondants croient que l'État devrait le réduire, alors que 58 % estiment qu'il devrait le maintenir ou l'augmenter.[7]

À la suite des forums inter-générationnels organisés par le gouvernement libéral, le Rapport Gervais d'octobre 2005 recommande, entre autres choses, de faire « un grand débat rigoureux » sur le financement de l'éducation en général et de l'enseignement privé en particulier.

Quelques mois plus tard, en juin 2006, le Parti québécois, divisé, remanie son programme pour rejeter l'idée de réduire les subventions aux écoles privées.[8]

La question de la pertinence et de la survie du réseau privé (liée aux subventions gouvernementales) est donc on ne peut plus d'actualité.

CHAPITRE 1

Portrait des écoles privées au Québec

On dénonce souvent le réseau d'établissements d'enseignement privés parce qu'il serait sélectif et élitiste. On l'accuse de ne pas supporter sa part de coûts sociaux, tout en bénéficiant d'un haut taux de financement gouvernemental. Aussi affirme-t-on sans nuance que l'école privée n'est accessible qu'aux enfants de riches, qu'elle choisit les meilleurs élèves, qu'elle renvoie ceux qui éprouvent des difficultés scolaires, qu'elle ne contribue pas suffisamment à la lutte au retard scolaire et qu'elle ne fait pas sa part pour la réussite du plus grand nombre.[9] Il y a là beaucoup d'inexactitudes et d'exagérations. En particulier, beaucoup de paralogismes, c'est-à-dire de raisonnements qui affirment à propos d'un tout ce qui n'est vrai que pour l'une de ses parties.

Pour décrire la situation réelle des établissements d'enseignement du réseau privé, commençons par quelques données d'ordre quantitatif.[10]

Les trois types d'établissements privés

Depuis 1992, il existe trois types d'établissements d'enseignement privés.

1. Les établissements qui relèvent de la Loi sur la protection du consommateur. Ils œuvrent principalement dans le domaine de la culture personnelle : danse, langues, relations humaines, conduite automobile, yoga, etc. Au collégial, la formation offerte est surtout technique et prépare directement au marché du travail : communication, graphisme, informatique, design, gestion des affaires, etc.

2. Les établissements qui relèvent de la Loi sur l'enseignement privé. Ceux-ci doivent tous détenir un permis du ministère de l'Éducation, du Loisir et du Sport. Parmi ces établissements, certains peuvent être agréés aux fins de subventions. Ces établissements privés offrent l'enseignement préscolaire, primaire, secondaire et collégial. La grande majorité des établissements subventionnés donnent l'enseignement général et professionnel. Ils doivent obligatoirement suivre les programmes et respecter les régimes pédagogiques du ministère de l'Éducation, du Loisir et du Sport, embaucher des enseignants légalement qualifiés, présenter les élèves aux examens officiels, disposer d'équipements comparables à ceux du secteur public et organiser de façon adéquate les services aux élèves. En 2003-2004, le Ministère comptabilise une centaine d'établissements privés non subventionnés et 212 subventionnés, dont 24 de niveau collégial.

3. Il existe aussi quelques établissements privés dont l'existence et le régime d'enseignement font l'objet d'une entente

entre le gouvernement québécois et un gouvernement étranger : par exemple, Marie de France et Stanislas avec le gouvernement français, Alexander von Humboldt avec le gouvernement allemand. Ils sont exclus de l'application de la Loi sur l'enseignement privé, mais on les compte généralement dans les statistiques du réseau privé.

Le présent livre concerne uniquement les établissements privés subventionnés du préscolaire, du primaire et du secondaire. (Voir p. 26)

À un autre point de vue, à la fin de 2005, on peut distinguer quatre groupes d'établissements privés subventionnés :
– des établissements francophones qui offrent le préscolaire, le primaire et le secondaire. La presque totalité est regroupée dans la Fédération des établissements d'enseignement privés (FEEP) : 170 établissements offrant l'éducation à plus de 102 000 élèves;
– des établissements anglophones de même type, regroupés dans l'Association des écoles privées du Québec / Quebec Association of Independent Schools (AEPQ / QAIS) : 25 écoles accueillant 9 000 élèves;
– des établissements juifs regroupés dans l'Association des écoles juives (AEJ) : 23 écoles accueillant près de 7 000 élèves;
– des établissements non réunis en association, dont trois écoles arméniennes, deux grecques orthodoxes et deux musulmanes, dont une est membre de la FEEP. Ces sept dernières regroupent environ 3 000 élèves. Il existe quelques écoles ethno-religieuses affiliées à une commission scolaire dont le statut chevauche sur le privé et le public.

Précision

■ Le présent livre ne porte pas sur les établissements qui relèvent de la Loi sur la protection du consommateur. Il ne traite pas, non plus, des établissements d'enseignement collégial, pas plus que des écoles qui ne reçoivent pas de subventions gouvernementales.

Il concerne uniquement les établissements d'enseignement privés subventionnés du préscolaire, du primaire et du secondaire.

Les associations qui les regroupent débordent parfois ces frontières. D'où la difuculté de trouver des statistiques précises pour notre propos. Cela n'enlève toutefois rien à la pertinence des analyses et arguments présentés.

Les établissement privés sont très différents les uns des autres. Il n'y a pas de modèle unique. Chacun a un énoncé de mission qui définit ses objectifs : les niveaux scolaires, la confessionnalité, les approches pédagogiques et les programmes d'activités parascolaires. Certains sont sélectifs et compétitifs, d'autres acceptent tous les élèves qui se présentent et se font une fierté de les faire réussir. Certains privilégient le développement des savoirs, d'autres misent résolument sur les arts (musique, théâtre, danse) ou le sport. Quelques-uns offrent un service de résidence. D'autres se spécialisent auprès des enfants handicapés. D'autres, enfin, se particularisent par l'accueil des immigrants.

La répartition de la clientèle

En 2005, le réseau d'enseignement privé subventionné comprend donc environ 225 écoles accueillant autour de 120 000 élèves, soit environ 12 % de l'ensemble des élèves du Québec. Cela constitue une augmentation de 14 % depuis 1999, alors que le réseau public a perdu 4 % de ses élèves.

La Fédération des établissements d'enseignement privés (FEEP), je le rappelle, regroupe la presque totalité des institutions d'enseignement privées subventionnées du secteur francophone.[11] Au 30 juin 2005, elle représente 170 établissements du préscolaire, du primaire et du secondaire, fréquentés par près de 102 000 élèves, soit autour de 10 % des élèves du Québec. Près de 75 % de ces élèves sont au secondaire.

L'île de Montréal compte près du tiers de ces établissements privés fréquentés par un peu plus du tiers des élèves du réseau. Le nombre a doublé en 15 ans. Dans quelques quartiers, la situation paraît préoccupante tellement il y a d'écoles privées, mais certaines écoles attirent des élèves de toute l'île, voire de toute la région.

Un grand nombre d'écoles de la FEEP sont situées en dehors des grands centres, souvent dans des régions sociologiquement homogènes. Elles sont généralement de petite taille.

Parmi ces établissements, 26 gèrent des pensionnats (autant de garçons que de filles) dont la moitié sont des petits établissements accueillant autour de 200 élèves. La capacité totale de places est de 3 010. La plupart des pensionnats sont en région, sauf trois à Montréal et un à Québec.

Bien qu'il y ait des écoles publiques anglophones sur tout le territoire du Québec, l'Association des écoles privées du Québec / Quebec Association of Independent Schools (AEPQ / QAIS) regroupe 25 écoles situées en grande majorité dans la région de Montréal. Plus de 75 % des élèves sont au secondaire.

Quant aux autres écoles privées (juives, arméniennes, grecques, musulmanes) elles sont presque toutes situées dans la grande région de Montréal. Elles accueillent autant d'élèves au primaire qu'au secondaire, sans oublier qu'une forte proportion des jeunes de ces communautés fréquentent les écoles publiques communes.

Les données quantitatives établissent le cadre, mais pour bien comprendre la situation, plus importantes encore s'avèrent les données d'ordre qualitatif qui en déterminent le profil social. Divers aspects peuvent être signalés.

Le profil socio-économique

Contrairement à la caricature qui présente l'école privée comme une école de riches, une étonnante proportion de la clientèle vient de milieux modestes. « Simplement, explique la journaliste Lysiane Gagnon, il y a des parents qui sont prêts à se saigner à blanc, à renoncer à l'auto, au restaurant et aux vacances pour donner à leurs enfants ce qu'ils jugent être la meilleure éducation ».[12]

Selon une enquête faite en octobre 2005 par Denis Massé, professeur à l'Université de Montréal et consultant en administration scolaire, plus de 20 % des parents qui ont des enfants à l'école privée ont un revenu familial inférieur à 50 000 $ et près de 38 % un revenu inférieur à 70 000 $.[13]

Plusieurs de ces familles reçoivent une aide financière de l'établissement fréquenté par leur enfant. L'enquête de Denis Massé, citée précédemment, établit la proportion à 37 %. Selon une autre enquête publiée par la FEEP, 88 % des établissements disposent d'un service d'aide financière, service souvent annoncé dans le prospectus de l'établissement.[14] Ces établissements ont octroyé en 2004-2005 la somme de 4,5 millions de dollars en bourses d'étude à 5 055 élèves. De plus, 72 % des établissements membres de la FEEP déclarent ne pas refuser un élève pour des raisons financières. Le collège Jean-de-Brébeuf, par exemple, aide 4 à 6 % de ses élèves (60 000 $ annuellement); Villa Sainte-Marcelline accepte gratuitement 10 % des siens; à l'École secondaire Notre-Dame de Rivière-du-Loup, plus de 15 % des élèves reçoivent une aide financière.

Parmi les familles du privé, 12 % sont monoparentales. Selon Statistiques Canada, les familles monoparentales composent 17 % de la population québécoise et leur revenu moyen se situe aux environs de 32 000 $.

De leur côté, la plupart des écoles anglophones de l'association AEPQ / QAIS possèdent un programme d'aide financière. Il en est de même dans les écoles privées dites ethno-religieuses qui reçoivent de l'aide de leur confession religieuse respective.

La sélection des élèves

La sélection des meilleurs candidats vaut surtout pour quelques écoles très connues, situées en particulier dans les grandes villes. Brébeuf et Regina-Assumpta à Montréal, Jésus-Marie à Québec, sont sur toutes les lèvres. On peut cependant compter les établissements de ce type sur les doigts de la main. En réalité, dans l'ensemble du Québec, 70 % des jeunes qui se sont présentés aux examens d'admission en 1re secondaire pour septembre 2004 ont été admis; 17,6 % ont été refusés faute de place et 5,4 % l'ont été parce que les établissements ne disposaient pas des ressources nécessaires aux besoins particuliers de ces jeunes.

Quand elle existe, la sélection se fait à partir du dossier scolaire ou par des examens d'entrée. Au Collège Jean-de-Brébeuf, on accepte 144 candidats (4 groupes de 1re secondaire) sur 500 dossiers ouverts. Mais à Villa Sainte-Marcelline, les premiers arrivés sont les premiers acceptés. Au Collège de Montréal, on sélectionne une partie des élèves, mais surtout, une fois admis, on les garde. Les redoublements sont autorisés.

Les frères et sœurs des élèves sont admis quels que soient leurs résultats scolaires. La fierté de l'institution, c'est de faire réussir des jeunes, même s'ils ne sont pas hyper-talentueux.[15]

En dehors des grands centres, surtout dans les petites écoles, on accepte tous les candidats qui se présentent soit par principe, soit pour remplir les places disponibles sauf les élèves en grande difficulté d'apprentissage ou de socialisation parce qu'on n'a pas les ressources pour ce faire. Au Collège Bourget de Rigaud, par exemple, il n'y a pas d'examen d'admission, seulement un « test de classement » visant à connaître les forces et faiblesses de chacun. Tant qu'il y a de la place, on ne refuse personne. Au Collège Dina-Bélanger, à Saint-Michel-de-Bellechasse, il n'y a pas d'examen d'admission : on accepte un élève du moment qu'il a réussi sa 6ᵉ année, peu importe la note obtenue. Les demandes sont traitées dans l'ordre chronologique. Il y a une rencontre préalable avec l'enfant et les parents pour vérifier la volonté du jeune de venir dans cette école. La situation est presque identique à l'École secondaire Notre-Dame de Rivière-du-Loup : on y rencontre beaucoup d'élèves moyens. Il y a une section internationale à la polyvalente voisine.

Les 26 pensionnats du Québec accueillent le plus souvent des élèves venant des grandes villes et éprouvant des difficultés soit dans leur famille, soit à l'école de leur quartier, soit souvent dans les deux milieux à la fois. Ces écoles seraient évidemment les premières touchées par une abolition des subventions à l'enseignement privé. Et ces jeunes iraient grossir le nombre de cas difficiles dans les écoles publiques.

Contrairement aux écoles de la FEEP dont je viens de parler, et aux écoles de la AEPQ / QAIS qui leur ressemblent sous ce rapport, les écoles ethno-religieuses acceptent plutôt les élèves sur la base de leur appartenance religieuse.

Les élèves en difficulté

Depuis plusieurs années, le réseau privé assume une part non négligeable des coûts sociaux et contribue à la politique ministérielle d'intégration des élèves. (Voir p. 34) Il serait même disposé à faire davantage s'il en avait les moyens.

Ainsi, depuis quelques années, le réseau privé se préoccupe du retard scolaire. Durant les quatre dernières années, de 24 % à 30 % des établissements privés ont un taux d'élèves en retard scolaire égal ou supérieur à 15 %. Le taux de retard scolaire au privé est souvent supérieur au taux moyen du secteur public. En 2002-2003, par exemple, 16 % des écoles privées avaient un taux de retard scolaire plus élevé (24 %) que celui du réseau public (17 %), tout en ayant un taux moyen de promotion de 87 %. La même année, le taux de retard scolaire chez les pensionnaires était de 21,8 %.

En élargissant la question à l'ensemble des difficultés scolaires, on découvre que, en 2004-2005, près de 30 % des établissements membres de la Fédération des établissements d'enseignement privés (FEEP) offrent des programmes spécifiques aux élèves éprouvant des difficultés scolaires : groupes restreints, deux premières années du secondaire en trois ans, cours d'appoint dans les matières de base, cours de méthodologie du travail. Et cela sans aucune forme d'aide financière de la part de l'État pour ce type de programme. Un exemple particulier : à l'école Saint-Joseph de Saint-Hyacinthe, il y a trois groupes de 25 élèves qui font la 1re et la 2e secondaire en trois ans, grâce aux dons de la communauté religieuse. Toujours en 2004-2005, plus du tiers des institutions membres déclarent avoir refusé des élèves pour l'année 2005-2006 faute de ressources requises pour leur venir en aide (orthopédagogue, orthophoniste, travailleur social, etc.). Ces établissements accueilleraient ces jeunes si ces services professionnels étaient financés par l'État comme il en est au réseau public.

Finalement, on retrouve dans le réseau privé, comme dans le réseau public, plusieurs établissements spécialisés en adaptation scolaire : sourds, muets, handicapés graves, enfants présentant des troubles graves de comportement, d'apprentissage ou d'adaptation.[16] La FEEP compte 11 de ces écoles qui offrent des services à plus ou moins 2 700 jeunes. Environ 75 % de ces élèves sont référés par les commissions scolaires, parfois avec l'objectif de les réintégrer dans le réseau public si cela s'avère possible.

La mixité sociale

Sans être aussi grande que dans les écoles publiques montréalaises, la mixité sociale existe dans les institutions privées. On a déjà parlé du niveau socio-économique des parents (riche, modeste) ainsi que du niveau intellectuel des élèves (fort, faible). Deux autres points méritent l'attention.

1. Comme l'ensemble de la société, le réseau des écoles privées, notamment les écoles regroupées dans la FEEP, est de plus en plus multi-ethnique. Sur l'île de Montréal, selon une enquête

Politique d'intégration

■ Depuis 1998-1999, l'objectif du ministère de l'Éducation est l'intégration des élèves en difficulté dans les classes régulières dans la mesure où l'élève peut y fonctionner avec de l'aide appropriée. La politique a été précisée en 2000, 2002 et encore davantage en 2006.

La politique actuelle insiste sur la prévention et l'approche individualisée. La prévention passe particulièrement par le dépistage rapide qui se fait notamment à partir de la notion nouvelle d'« élève à risque » qui remplace l'ancienne « déclaration des élèves en difficulté ». L'approche individualisée vise à fournir aux élèves les services qui correspondent exactement à leurs besoins. Ces deux objectifs permettent de classer les élèves en difficulté en deux grandes catégories : les élèves à risque et les élèves handicapés ou en difficulté d'adaptation ou d'apprentissage (EHDAA). Cette approche permet trois orientations majeures d'intervention :
– certains élèves peuvent recevoir des services dans une classe régulière tout en bénéficiant de mesures d'appui appropriées;
– les élèves qui manifestent des besoins plus importants peuvent être regroupés dans des classes spéciales moins nombreuses, souvent 15 élèves, parfois même 6 ou 4, dans une école ordinaire;
– les cas les plus lourds, enfin, sont orientés vers des écoles particulières qui offrent des services spécialisés, parce qu'il est démontré que cette modalité favorise au mieux leur apprentissage et leur socialisation.

Sur le plan du financement, le Ministère remet aux commissions scolaires, qui les gèrent à leur guise, des subventions correspondant à une allocation de base par élève, complétées par des allocations supplémentaires ajustées au nombre d'élèves en difficulté (selon diverses sous-catégories) et selon les milieux (par exemple, milieu défavorisé).

réalisée en 2001 par André Revert, les parents d'au moins le tiers des élèves du secondaire privé sont d'origine autre que canadienne, ce qui correspond exactement au taux du réseau public.[17] La moyenne provinciale des élèves du réseau privé dont la langue maternelle n'est pas le français est de 91 élèves par établissement, et cette moyenne atteint 248 par établissement situé sur l'île de Montréal. Au Collège Jean-de-Brébeuf, par exemple, 15 % des élèves sont nés en dehors de l'Amérique du Nord, dont 3 % en Europe. Trente-six pays sont représentés, 24 langues s'y côtoient. Au Collège Bourget, le pensionnat accueille 36 jeunes venant du Mexique, de l'Asie et de l'Afrique, soit environ 15 % des pensionnaires.

En dehors des exigences de l'enseignement du français et de l'anglais, certaines écoles choisissent d'enseigner la langue des parents. À l'instar de nombreux élèves du public, quelques milliers de jeunes du privé participent ainsi au Programme d'enseignement des langues d'origine, doté d'un budget gouvernemental. Les cours sont souvent offerts en dehors des heures de classe. Dans certains établissements, ils sont intégrés au programme : à Villa Sainte-Marcelline, par exemple, on enseigne plusieurs langues depuis la fondation de l'institution. D'autres écoles plus récentes se spécialisent dans l'accueil des immigrants. L'école Pasteur de Cartierville, par exemple, s'est restructurée vers le milieu des années 1980 dans le but de faciliter l'intégration des communautés du Moyen-Orient (libanaise, syrienne, égyptienne, arménienne), offrant des cours de langues arabe, grecque et espagnole en sus du programme régulier, de même que des cours optionnels de rattrapage en français pour les allophones. Le Collège Notre-Dame-de-Lourdes à Longueuil, quant à lui, vise un rapprochement avec les communautés culturelles de la Montérégie : il offre une classe de francisation pour les immigrants d'origine arabe ou chinoise depuis 1992 afin de faciliter par la suite leur intégration en classe régulière.

2. À un tout autre point de vue, on retrouve chez les élèves du privé les mêmes problèmes psychologiques et sociaux que partout ailleurs. L'enquête de André Revert, utilisée précédemment, nous apprend que le nombre d'élèves physiquement maltraités à la maison atteint 8 % pour l'ensemble des écoles privées, et plus de 10 % sur l'île de Montréal. Sur le plan de l'alimentation, 10 % ne prennent pas régulièrement trois repas par jour. Plus de 10 % ne déjeunent jamais avant d'assister à leurs cours. À l'échelle provinciale toujours, plus du tiers des répondants reconnaissent avoir déjà fumé du haschich ou de la marijuana; près de 10 % ont essayé des drogues plus dures. Près de 15 % des répondants affirment avoir été victimes de violence physique à l'école ou dans la cour d'école; près de 2 %, victimes d'extorsion ou de taxage.[18]

Au contraire de l'image donnée par quelques institutions-vedettes, il y a donc dans le réseau privé une population diversifiée sur les plans ethnique, sociologique et économique bien proche de la situation de l'ensemble des élèves du Québec. Cela constitue les mêmes richesses, les mêmes difficultés et les mêmes défis.

La dimension religieuse

La majorité des écoles privées (80 %) ont un caractère confessionnel plus ou moins prononcé. Plus précisément, la grande majorité s'inscrivent dans la tradition catholique et protestante. Des écoles juives existent depuis le début du XXe siècle ; elles se sont multipliées avec l'immigration importante qui a suivi la Seconde Guerre mondiale, puis vers 1973 avec l'arrivée de Juifs d'Afrique du Nord et du Moyen-Orient. Depuis 1985, il existe aussi des écoles dites ethno-religieuses : arméniennes, grecques orthodoxes et musulmanes.[19] Mais depuis déjà plusieurs années, quelques écoles sont de caractère laïque, y compris au sein de la FEEP. Distinguons les divers groupes d'établissements.

1. Commençons par le groupe le plus nombreux, la Fédération des établissements d'enseignement privés (FEEP), en distinguant divers traits confessionnels : charte, projet éducatif, pastorale, cours.[20]

Une forte majorité (76 %) des écoles privées ont une charte de confession catholique qui fonde le caractère religieux de leur mission éducative. Le taux atteint 80 % pour les écoles secondaires. La proportion est plus forte dans les grosses écoles que dans les petites. Par « école catholique », on peut entendre, *grosso modo*, une école qui accepte ouvertement la dimension religieuse comme partie intégrante de son projet éducatif, et la conception chrétienne de la personne et de la vie comme principe d'inspiration de son action éducative.[21]

De manière plus précise et déterminante, 86 % des institutions ont un projet éducatif chrétien : 76 % au primaire, 92 % au secondaire et 25 % pour les établissements (moins nombreux) qui offrent le primaire et le secondaire. À titre indicatif, précisons qu'un tel projet éducatif, inspiré de l'Évangile, poursuit le développement de la personne dans toutes ses dimensions et promeut les valeurs d'autonomie, de responsabilité, de respect, de justice, d'amour, de solidarité, etc., comme facteurs de croissance. Il se réalise dans le respect des libertés de conscience et de religion.

Dans cette perspective, 85 % des établissements offrent un Service d'animation pastorale (SAP) ou un Service d'animation spirituelle et d'engagement communautaire (SASEC), comme la loi leur en laisse le choix. De ce nombre, 70 % ont un seul animateur, les autres, deux. Il s'agit surtout de laïcs. Plusieurs sont à temps partiel. L'objectif du service est d'inviter les jeunes à vivre des expériences de vie spirituelle et communautaire.

Pour ce qui est de l'enseignement moral et religieux, la situation est plus diversifiée. Parmi les écoles primaires, 60 % offrent uniquement le cours d'Enseignement moral et religieux confessionnel, 9 % offrent uniquement l'Enseignement moral non-confessionnel et 30 % offrent l'option entre les deux programmes. Quand le choix est disponible, l'Enseignement moral non-confessionnel est largement choisi. De toute manière, l'enseignement moral et religieux catholique est loin de l'ancien cours de catéchèse, encore plus du petit catéchisme d'antan, qui cherchait directement à transmettre la foi.

En 1re et 2e secondaire, le caractère religieux est un peu plus marqué : 86 % des écoles offrent uniquement l'Enseignement moral et religieux confessionnel; 6 % offrent uniquement l'Enseignement moral non-confessionnel et 7 % offrent le choix entre les deux. Dans les établissements qui offrent le choix, plusieurs élèves s'inscrivent en Enseignement moral non-confessionnel. De toute manière, la plupart des établissements acceptent les élèves de toutes confessions religieuses. Et le climat est loin d'être oppressif, la liberté de croyance et de pratique religieuse y est très grande.

2. Les établissements de l'Association des écoles privées du Québec / *Quebec Association of Independent Schools* (AEPQ / QAIS) ont un type de confessionnalité qui varie considérablement de l'un à l'autre, mais ils ont sensiblement la même attitude d'ouverture et de tolérance que les écoles de la FEEP. Généralement, le caractère confessionnel y est plus diffus : on vise à donner une connaissance de la Bible, à assurer une compréhension des valeurs morales et religieuses de la communauté où l'enfant vit et à aider l'élève à prendre conscience des principes moraux selon lesquels il agit.

3. Parmi les écoles qui ne font pas partie de la FEEP ni de l'AEPQ, par exemple les écoles évangélistes, juives, arméniennes, grecques orthodoxes, islamiques, la plupart ont une conception plus stricte de la confessionnalité. La religion teinte souvent la vie quotidienne, les programmes et la pédagogie. Elles n'acceptent généralement que des enseignants et des élèves de leur propre confession, imposent certaines exigences vestimentaires ou alimentaires, ajustent le calendrier scolaire sur le respect de leurs fêtes religieuses, et obligent à assister aux cours et manifestations de la religion de l'établissement. Récemment, les médias de masse nous ont appris que certaines prennent même des libertés considérables par rapport aux programmes d'étude et aux perspectives éducatives du Ministère.[22]

Les modifications à la Loi sur l'instruction publique adoptées en juin 2005 (projet de loi 95) inquiètent le milieu des écoles privées. Cette législation abolit, à partir de juillet 2008, les options en enseignement moral et religieux confessionnel du programme officiel des écoles primaires et secondaires et établit en contrepartie un cours obligatoire d'« éthique et de culture religieuse ». Ce faisant, elle modifie la Loi sur l'enseignement privé. À moins de modification, toutes les écoles privées devront donc offrir, comme les écoles publiques, un cours obligatoire d'« éthique et de culture religieuse », quitte à ajouter en surplus de programme un cours spécifique sur leur religion.

Les relations de travail

Les enseignants qui postulent une place dans une école privée savent normalement à quoi s'attendre. Ils connaissent la tradition d'éducation de l'institution, éventuellement sa tradition de dévouement pour des groupes marginalisés par la société. Leur volonté de participer à un projet commun précis est un préalable à leur embauche. Dans les faits, il y a beaucoup de disponibilité de la part des enseignants. À l'École secondaire Notre-Dame de Rivière-du-Loup, 60 % du personnel est constitué d'anciens élèves de l'école.

L'établissement privé jouit, on le voit, d'une autonomie beaucoup plus large que son partenaire au public. L'établissement a le choix de ses enseignants. On peut noter aussi la stabilité du personnel enseignant d'une année à l'autre, ces établissements n'étant pas soumis au mouvement de main-d'œuvre comme c'est le cas dans le réseau public.

Environ le tiers des institutions de la FEEP ont un syndicat d'enseignants, dont plusieurs sont affiliés à une des grandes centrales. Les négociations collectives se font le plus souvent sans tapage, au niveau local. Il y a une sorte de culture de négociation locale qui permet à l'institution de garder sa couleur. L'actualité récente, cependant, nous a fait connaître l'existence de lock-out dans trois de ces écoles.

Dans certaines écoles ethno-religieuses aussi, il y a un syndicat d'enseignants, certains affiliés aux grandes centrales syndicales. Durant les dernières années, certaines de ces écoles (juives, arméniennes, grecques, musulmanes) ont été elles aussi le lieu de difficiles relations de travail, y compris de grèves importantes.[23]

L'implication des parents

Le choix de l'établissement privé fait par les parents indique une implication significative de leur part. Le fait de payer une partie des coûts révèle aussi l'importance de leur intérêt pour l'éducation de leurs enfants. Au fil des jours, certains parents suivent de près ce qui se passe à l'école, d'autres s'en remettent à l'institution.

Pour la participation structurelle à la vie de l'école, cependant, la situation est différente d'un établissement à l'autre. À la FEEP, presque toutes les écoles ont une association de parents locale qui s'élit un conseil d'administration pour conseiller l'administration sur la gestion de l'établissement. Depuis quelques années, pour recevoir l'agrément du Ministère, celui-ci exige qu'il y ait au Conseil d'administration un parent élu par ses pairs. Plusieurs établissements, anciennement dirigés par une communauté religieuse, sont désormais administrés par une corporation laïque. Le Mont-St-Louis est, depuis 1969, une coopérative de parents.

La motivation des parents

Pourquoi les parents choisissent-ils l'école privée? Les motifs varient considérablement. Plusieurs sources permettent cependant de connaître les motivations les plus fréquentes : les enquêtes de Léger Marketing et de Denis Massé signalées précédemment, celle du Conseil supérieur de l'Éducation[24] et divers témoignages recueillis, dont ceux publiés dans la revue *L'Actualité*.

Notons d'abord trois motifs particuliers :
- certains services spécialisés;
- le pensionnat;
- la situation géographique.

En dehors des motifs précédents, les parents indiquent principalement les raisons suivantes :
- l'encadrement pédagogique, souvent lié à une longue tradition pédagogique;
- l'encadrement disciplinaire, personnel et social (par exemple : ponctualité, habillement, vouvoiement);
- des valeurs morales et spirituelles au diapason de celles de la famille ou, du moins, de celles qu'aimerait développer la famille;
- les activités parascolaires;
- un corps professoral d'excellente réputation;

- un esprit d'innovation;
- une attention personnalisée aux élèves;
- le goût de l'effort et de la réussite.

À quelques exceptions près, ce sont sensiblement les mêmes motifs que ceux décrits dans les enquêtes antérieures de Denis Massé en 1990 et 1996.

Les coûts et les subventions

Les écoles privées reçoivent des subventions du gouvernement du Québec, mais celles-ci ne sont pas comparables à ce que reçoit l'école publique et ne touchent pas tous les postes budgétaires. (Voir p. 44)

Depuis 1992, le gouvernement subventionne les écoles privées à environ 60 % du *montant de base* que reçoit le réseau public pour un « élève comparable » (subvention de base *per capita*). Il s'agit évidemment d'une moyenne. Pour déterminer « l'élève comparable », on considère une vingtaine de facteurs, notamment la région, la grosseur de l'école, le cycle d'étude (primaire ou secondaire), le milieu socio-économique. Notons que les élèves en difficulté pour lesquels l'établissement public reçoit une subvention spéciale ne sont pas pris en considération dans ce calcul. Selon les chiffres du Ministère pour 2005-2006,[25] la subvention de base équivaut approximativement au préscolaire à 3 000 $ par élève, au primaire à 2 520 $ et au secondaire à 3 420 $.[26]

L'école privée accueille souvent, on l'a vu, des élèves qui présentent toutes sortes de difficultés : retard scolaire, trouble

Budget de l'école publique (à titre comparatif)

■ Le budget de l'école publique – ou plutôt de la commission scolaire – en 2005-2006 est composé de plusieurs éléments :

1. Un **montant de base** par élève : des subventions gouvernementales régulières *per capita* d'environ 5 000 $ au préscolaire, de 4 200 $ au primaire et de 5 700 $ au secondaire.

2. Une subvention pour les élèves qui présentent des **difficultés** : soit des élèves à risque[27], soit des élèves en difficulté d'apprentissage ou d'adaptation, troubles de comportement légers, retard scolaire, etc. Il s'agit d'une somme globale que le gouvernement répartit entre les commissions scolaires selon des critères détaillés et compliqués : âge, niveau scolaire, expérience et qualification des enseignants, milieu social, etc.[28] La commission scolaire partage cet argent entre ses écoles et il revient à l'école de décider de l'attribution des sommes reçues, quitte à ce que les enseignants réguliers acceptent plus d'élèves par classe, afin de pouvoir engager plus d'orthopédagogues, de travailleurs sociaux ou autres éducateurs spécialisés supplémentaires pour les aider. [29]

3. Parmi les élèves en difficulté, le Ministère met dans une catégorie à part les élèves **explicitement identifiés comme handicapés** : soit des handicaps physiques, déficiences intellectuelles, difficultés langagières légères ou moyennes, soit des troubles graves de comportement (EHDAA). La commission scolaire reçoit alors une somme additionnelle d'environ 12 500 $ au primaire et 13 500 $ au secondaire par élève afin de permettre des classes moins nombreuses et / ou l'embauche d'enseignants et d'éducateurs spécialisés supplémentaires.

4. Des fonds spéciaux pour les écoles **en milieux défavorisés**, répartis selon un barème de pauvreté provincial. Certaines écoles publiques ont aussi créé des fondations pour permettre certaines activités.

5. Des **fonds particuliers** pour certains programmes d'études, les pensionnats, le transport scolaire, les frais d'immobilisation, etc.

6. **Revenus autonomes** provenant, par exemple, de la taxe scolaire.

de comportement léger, trouble d'apprentissage, etc. Pour eux, contrairement au réseau public, l'école privée ne reçoit aucune subvention.

Concernant les élèves classés handicapés ou en difficulté d'adaptation ou d'apprentissage (souvent appelés EHDAA), il faut faire une distinction. Si l'école privée accueille exclusivement ce type d'élèves, elle reçoit des subventions presque équivalentes à ce que reçoit le réseau public, à savoir en moyenne 12 500 $ par année par élève du primaire, 13 500 $ au secondaire, environ 20 000 $ pour un élève souffrant de surdité, etc. Le réseau privé compte 11 écoles totalement réservées à des clientèles de cette catégorie. Mais si l'école privée accueille seulement quelques élèves identifiés comme handicapés, elle ne reçoit aucune subvention pour ce faire.

Certaines écoles du réseau privé reçoivent aussi des subventions pour le pensionnat, pour certains programmes comme « culture à l'école », « aménagement des laboratoires de sciences au secondaire » ou pour le transport scolaire (environ 30 % des élèves reçoivent une subvention de transport qui équivaut à la moitié de la subvention accordée au public pour la même fin).

Cela dit, si l'établissement privé reçoit en moyenne autour de 60 % du coût de base de « l'élève comparable » au public, il reste que les parents doivent débourser 40 %, soit entre 2 000 $ et 4 000 $. Par exemple, à Regina-Assumpta à Montréal, c'est 3 000 $; à Stanislas à Outremont, 4 000 $ pour les droits de scolarité seulement; à Saint-Louis-de-Gonzague dans le Vieux-Québec, 2 400 $ pour une année scolaire incluant des dîners chauds et une surveillance le midi; à l'École secondaire Saint-Joseph de St-Hyacinthe, 1 600 $ pour les seuls frais de scolarité.

À ces coûts s'ajoutent souvent pour les parents les frais de l'uniforme, ceux de certaines activités parascolaires et encore les coûts (au moins partiels) de transport.

Bien plus, selon les statistiques financières 2004-2005 du Ministère, malgré la subvention de base *per capita* de 60 % et les frais d'inscription des parents, les établissements privés doivent aller chercher ailleurs 12 % de leurs dépenses globales (gestionnaires, éducateurs spécialisés, immobilisation, etc.), à partir de dons personnels, de revenus de fondations, de dons de communautés religieuses et d'exploitation d'entreprises auxiliaires (comme la location de locaux l'été au Collège Jean-de-Brébeuf). En réalité, le financement public correspond seulement à 48 % des coûts globaux.

* * *

Contrairement à une idée répandue, l'école privée offre donc un portrait très diversifié. Elle accueille des jeunes de toutes les classes sociales, voire en majorité des classes moyennes. Elle a sa part d'élèves en difficulté d'apprentissage. Elle offre des projets variés, y compris des pensionnats et des écoles spécialisées répondant à des besoins divers.

Certes, l'école privée jouit d'une excellente réputation : les parents n'investiraient pas une partie de leur argent s'ils n'en étaient pas convaincus. Le taux de diplomation est élevé, c'est connu indépendamment de ce que révèle le palmarès de *L'Actualité*. L'excellence de l'école privée tient moins au fait qu'elle sélectionne les élèves qu'à une foule de petites choses d'ordre éducatif : la tradition pédagogique, le sentiment d'appartenance, l'encadrement des élèves (groupes-classes, périodes d'étude, rencontres de suivi), la discipline, le goût de l'effort et de la réussite, les activités parascolaires, éventuellement les facilités d'étude offertes par le pensionnat, etc. Dans certaines écoles, chaque élève est connu du personnel.

Pourquoi voudrait-on remettre en cause cet acquis? Pourquoi, au contraire, faut-il le conserver? Le chapitre suivant essaie d'analyser les divers arguments en jeu.

CHAPITRE 2

Pertinence du réseau privé

Diverses raisons sont invoquées pour diminuer ou supprimer les subventions gouvernementales aux établissements
d'enseignement privés : le coût social, la justice, l'intégration
sociale, éventuellement la finalité de l'école et le sens de la
démocratie. Intervient ainsi l'idée d'une école commune qui,
d'un côté, profiterait seule des subventions gouvernementales
et donc des taxes des citoyens et, de l'autre, recevrait tous les
jeunes en âge de scolarisation. Mais pour valoriser le public,
faut-il abolir le privé? Examinons quelques-uns des arguments
invoqués dans le débat : arguments d'ordres démocratique,
social, éducatif, économique, en commençant par ce dernier
pour faire suite à la finale du chapitre précédent.

Cette analyse mettra en lumière la légitimité d'un réseau privé
subventionné, un réseau qui se présente comme complémentaire[30] au réseau public, dans le but de répondre aux besoins

divers des jeunes, aux attentes légitimes des parents et aux exigences de la démocratie.

L'économie publique

Si tous les élèves des écoles privées – disons 100 000 – allaient au public, l'État devrait verser environ 600 millions de dollars de plus au réseau public.[31] En limitant sa subvention au réseau privé à 60 % de la subvention de base accordée à l'« élève comparable » du réseau public, comme il le fait actuellement, le gouvernement économise au minimum 240 millions de dollars chaque année (soit les 40 % payés par les parents) qui profitent au réseau public. Sans compter les économies incidentes en personnel additionnel, en frais d'administration et d'immobilisation. La donnée se passe de commentaires tellement elle est évidente. Mais raffinons l'analyse en considérant diverses hypothèses.

Partons de l'hypothèse du Regroupement pour la défense et la promotion de l'école publique qui demande l'abolition des subventions au réseau privé.[32] Si l'on supprimait la totalité des subventions au privé, imagine le Regroupement, 50 % des élèves quitteraient le réseau privé pour aller au public : l'État récupérerait, d'une main, 375 millions de dollars (le montant effectivement donné au privé en 2004-2005 soit approximativement l'équivalent de la subvention de 60 % au privé pour 100 000 élèves), mais dépenserait de l'autre 300 millions de dollars (la subvention de 100 % qu'il devrait verser au réseau public pour ces 50 000 élèves additionnels). L'État ferait une économie de 75 millions de dollars qui pourraient profiter au public. De plus, croit le Regroupement, en récupérant cette clientèle, le public n'aurait plus besoin ou aurait moins besoin de fermer des écoles, et il profiterait éventuellement d'élèves forts qui viendraient rehausser le niveau du réseau. [33] (Voir p. 52)

Laissons de côté, pour le moment, les répercussions d'ordre éducatif pour nous concentrer sur le seul aspect financier. Notons d'abord qu'une économie éventuelle de 75 millions de dollars, c'est déjà moins que les 240 millions de dollars économisés actuellement. En outre, il est clair que le réseau public ne pourrait absorber 50 000 élèves de plus sans coûts supplémentaires particuliers (enseignants, éducateurs spécialisés, administrateurs et frais d'immobilisation). Cela dépasserait largement les 75 millions de dollars prétendument économisés. Loin d'apporter des économies, le changement occasionnerait plutôt des dépenses additionnelles.

Peut-on préciser? En se basant sur les statistiques de 2001-2002, en calculant l'ensemble des dépenses gouvernementales, et en faisant la même hypothèse que le Regroupement (sans subvention au privé, 50 % des élèves de ce secteur iraient au public), l'économiste Pierre Fortin juge que l'État devrait assumer des dépenses supplémentaires de 400 millions de dollars. Aussi conclut-il que ce serait « une erreur de croire que l'État pourrait redresser les finances des commissions scolaires en leur transférant la totalité des subventions annuelles qu'il verse présentement aux écoles privées ».[34]

Il y a lieu, cependant, de se demander si le transfert d'élèves du privé au public se limiterait à 50 % des élèves, comme dans l'hypothèse du Regroupement. Selon une étude réalisée par

Trois scénarios comptables

Situation actuelle

Coût à 100 % de 100 000 élèves	600 000 000 $
Subvention de 60 % au privé	360 000 000 $
Économie gouvernementale actuelle	240 000 000 $

Hypothèse du Regroupement
sur la base de 50 000 transferts

Supprimer toutes les subventions au privé	375 000 000 $
Donner au public 100 % pour 50 000 transferts	300 000 000 $
Économie hypothétique sans compter les frais supplémentaires	75 000 000 $

Hypothèse plus réaliste sur la base
de 80 000 transferts

Coût de ces transferts au public	480 000 000 $
Suppression de toutes les subventions au privé	375 000 000 $
Dépenses gouvernementales supplémentaires sans compter des frais supplémentaires	105 000 000 $

Mme B. Ristic pour le compte du ministère de l'Éducation en 1995, on estime que 70 % des parents transféreraient leurs enfants au public si les subventions étaient supprimées, ce qui augmenterait d'autant les frais de l'État.

L'étude la plus récente sur les transferts d'élèves, en même temps que la plus exhaustive, est celle de Denis Massé réalisée en 2005. Elle distingue trois situations. Si le gouvernement décidait de réduire de 1 000 $ la subvention versée pour chaque élève inscrit au privé, obligeant les parents à hausser leur contribution d'autant, 47 % des parents ne permettraient pas à leurs enfants de compléter leur parcours scolaire au privé. Si la subvention diminuait davantage et l'augmentation des frais pour les parents était de 3 000 $, c'est 75 % des parents qui retireraient leurs enfants du secteur privé. Et si l'augmentation des frais de scolarité était de 5 000 $ (ce qui équivaut à l'absence de toute subvention) le transfert toucherait 89 % des élèves. Rappelons qu'une réaction assez semblable des parents avait été observée dans l'étude faite par le même chercheur en 1996. Toute diminution des subventions au secteur privé entraînerait donc une diminution proportionnelle de sa fréquentation en commençant par les élèves des familles qui ont le revenu le plus bas.[35]

En comparant les deux études précédentes (Ristic et Massé) et en supprimant quelques points du pourcentage de la dernière enquête pour tenir compte du fait que certains parents ont pu amplifier leur réponse afin de montrer leur opposition à toute diminution des subventions, l'hypothèse la plus réaliste, à mon avis, serait celle-ci : si les parents du secteur privé devaient payer le plein coût, environ 80 % des élèves quitteraient le privé. Cela entraînerait, d'une part, la fermeture de la plupart des écoles privées et réserverait le privé à une minorité de riches. D'autre part, le réseau public devrait absorber 80 000 élèves de plus, pour lesquels l'État devrait défrayer le plein coût, soit environ 480 millions de dollars. Loin de faire une économie de 75 millions de dollars comme l'imagine le Regroupement, l'État verrait ses dépenses en subvention de base *per capita* augmenter de 105 millions de dollars, sans compter les dépenses supplémentaires en coût de personnel (enseignants, éducateurs spécialisés, administrateurs) et frais d'immobilisation (achat ou rénovation d'écoles) qui pourraient s'élever à plusieurs centaines de millions de dollars.[36]

Que conclure de tous ces chiffres? D'abord, qu'il est impossible d'affirmer que le trésor public ferait des économies en abolissant ou en réduisant substantiellement les subventions au réseau privé. Ensuite, qu'il est difficile de prédire exactement les coûts supplémentaires gouvernementaux (enseignants, personnel professionnel, frais administratif et frais d'immobilisation) parce que personne ne peut prévoir exactement la réaction des parents. Enfin, que les coûts supplémentaires liés aux seules subventions *per capita* s'élèveraient vraisemblablement à plusieurs dizaines, voire plusieurs centaines de millions de dollars.

Ces chiffres et prévisions sont jugés alarmistes par plusieurs. On préfère miser sur l'exemple de l'Ontario ou des États-Unis, qui gardent une proportion importante d'élèves au réseau privé sans donner de subvention (j'y reviendrai). Mais alors, on ne tient nullement compte des différences économiques et culturelles du Québec.

Soyons terre-à-terre. Si l'on n'accepte pas la proportion actuelle de subvention (60 %), que propose-t-on en remplacement, hormis la suppression totale? Les uns suggèrent 40 %, d'autres 30 %, pourquoi pas 80 % comme au Danemark ou 90 % comme en France ou 100 % comme en Belgique?[37] Il y a une part inévitable d'aléatoire dans ce choix. En quoi la proportion actuelle n'a-t-elle pas de sens? D'autant plus, il faut bien le rappeler, que ces parents paient leurs impôts et taxes scolaires, et donc une part des coûts de l'école publique que leurs enfants ne fréquentent pas. Pour décider du sort de l'école privée, l'argument économique ne porte donc pas. Il faut se tourner vers des arguments d'un autre ordre.

Mais avant de le faire, une remarque s'impose. Il n'y a aucune raison de se laisser détourner d'une réflexion globale et réaliste sur la question par certains incidents :
– le premier concerne l'entente établie, il y a une trentaine d'années (1971), entre le gouvernement et deux écoles primaires grecques à l'effet de les subventionner à 100 % dans le but de favoriser la francisation des élèves et leur intégration au secondaire francophone. On peut critiquer l'objectif, mais le problème fondamental est que les fonctionnaires n'ont pas assuré de suivi, et que l'entente, qui a duré plusieurs années, n'a pas produit les résultats escomptés;
– le second incident touche cinq écoles juives anglophones qui, à l'automne 2004, ont demandé à être subventionnées à 100 % dans le but de favoriser des échanges avec des écoles francophones. Le problème est que l'exigence de faire des échanges fait déjà partie de la mission des écoles anglophones et que, de toute façon, il aurait été plus adéquat éventuellement de demander une subvention de quelques milliers de

dollars pour réaliser des activités précises d'échange. Rien à voir donc avec la politique générale de subvention aux écoles privées;

– le troisième incident, enfin, concerne les écoles juives et évangélistes qui, selon les journaux de l'automne 2006, ne suivent pas le programme d'étude officiel, voire qui ne sont pas reconnues par le ministère de l'Éducation, du Loisir et du Sport. La question ici n'a rien à voir avec la légitimité des subventions aux écoles privées, mais relève du contrôle ministériel.

La liberté de choix

Malgré la valeur de l'école de quartier et la priorité que l'on veut lui accorder, les droits de la personne incluent pour les parents la liberté de choisir le genre d'éducation à donner à leur enfant : choix d'une école qui offre un profil particulier, choix aussi entre l'école publique et l'école privée. Par ailleurs, cette possibilité de choix n'est pas réelle – les gens de *gauche* en conviendront facilement – si, en pratique, il devient impossible de l'exercer parce qu'il y a trop de barrières administratives ou que sa réalisation coûte trop cher. Développons quelques points.

1. La liberté de choix de l'école par les parents est une donnée tellement fondamentale, liée à leur responsabilité d'avoir mis au monde des enfants, que l'on n'aurait pas besoin des chartes pour la reconnaître, mais celles-ci la proclament toutes. Ainsi la Déclaration universelle des droits de l'homme des Nations Unies, en 1948, affirme : « Les parents ont, par priorité, le droit de choisir le genre d'éducation à donner à

leurs enfants (art. 26, par. 3). De plus, autant le Pacte international des droits économiques, sociaux et culturels que la Convention contre la discrimination dans le domaine de l'enseignement de l'Unesco exigent l'existence de centres « autres que ceux des pouvoirs publics ». La Charte québécoise des droits et libertés de la personne reprend la même idée : « Les parents ou les personnes qui en tiennent lieu ont le droit de choisir pour leurs enfants des établissements d'enseignement privés, pourvu que ces établissements se conforment aux normes prescrites ou approuvées en vertu de la loi » (art. 42).

Cette perspective s'inscrit en droite ligne dans l'histoire du Québec. On a parlé, en effet, d'une sorte de pacte conclu dans les années 1960 entre l'épiscopat catholique québécois et le gouvernement au sujet de l'éducation. Les évêques abandonnaient au gouvernement la direction du système d'éducation à la condition que les parents jouissent du libre choix en matière d'éducation. Les évêques sont revenus sur ce point à de multiples occasions, notamment à propos des écoles confessionnelles, puis des options en enseignement religieux. Les gouvernements successifs n'ont pas respecté ces deux points. Il serait odieux de restreindre encore davantage le droit des parents.

2. Le principe du financement de l'enseignement privé, quant à lui, est inscrit dans le préambule de la Loi du ministère de l'Éducation et repris dans celui de la Loi du Conseil supérieur de l'Éducation : « Attendu que les personnes et les groupes ont le droit de créer des établissements autonomes et, les exigences du bien commun étant sauves, de bénéficier des moyens administratifs et financiers nécessaires à la poursuite de leurs fins. »

Liberté de choix des parents

Claude Ryan, ancien journaliste et ancien premier ministre du Québec

■ Quand on a créé le ministère de l'Éducation en 1962-63, [...] la loi du Conseil supérieur de l'éducation a été coiffée d'un préambule où il est dit clairement qu'on reconnaît le droit des citoyens à fonder des établissements privés d'enseignement.

Parce qu'on voyait, dès cette époque, que si nous allions vers une laïcité intransigeante, je dirais même intolérante [...]il faudrait qu'il y ait une soupape de sécurité quelque part, vu que les parents ont la première responsabilité pour l'éducation de leurs enfants. Il faudrait, à tout le moins, qu'ils aient la latitude de pouvoir envoyer leurs enfants à des établissements privés, qu'ils créeraient eux-mêmes, qu'ils soutiendraient de leurs deniers et pour lesquels ils devraient pouvoir compter également sur l'aide équitable des fonds publics.

Les établissements privés ne sont pas tous confessionnels [...] Les parents peuvent avoir d'autres motifs que des motifs purement religieux pour désirer envoyer leurs enfants à un établissement privé.

Il faut bien comprendre aussi que, quand vous avez un enfant et que ça ne marche pas à l'école publique, [...] vous êtes désespérément à la recherche d'un lieu où cet enfant pourra compléter sa préparation en vue de se qualifier pour la vie. On est très heureux dans ces périodes-là de trouver des établissements privés qui peuvent répondre aux attentes particulières d'un enfant et de ses parents. Et c'est pour ça qu'il y a une espèce de soupape de sûreté, dans notre système, qui à mon point de vue est très désirable.

Entretien reconstitué avec Georges Convert
à Radio-Ville-Marie, en 1999

Au-delà de cette reconnaissance légale, il faut le répéter, cette possibilité de choix serait un leurre si son exercice coûtait trop cher. Les parents qui choisissent l'école privée payent déjà pour l'école publique : impôts et taxes scolaires. S'il paraît normal qu'ils assument une part des frais liés à leur choix d'une école particulière, il serait inéquitable, voire inique, de leur en demander trop. Ce fut le type de combat que les francophones catholiques de l'Ontario et de la Saskatchewan ont mené pendant des années, et ont gagné de peine et de misère. (Voir p. 58)

On peut même affirmer que dans un système où n'existe aucune aide directe ou indirecte en faveur des écoles privées, c'est l'État qui, *de facto*, devient fauteur d'inégalité en réservant le choix aux riches.

3. Le droit des parents de choisir le genre d'éducation à donner à leurs enfants inclut une éducation conforme à leurs convictions morales et religieuses. Cela rejoint le cœur même de la liberté. Toutes les chartes le proclament. L'article 20 de la Charte québécoise des droits et libertés de la personne, en particulier, reconnaît le droit des personnes d'une religion de s'associer librement pour promouvoir les valeurs et les croyances de leur religion et, partant, imposer certaines conditions à l'embauche des enseignants et à l'admission des élèves.[38] La Loi sur l'enseignement privé permet aux institutions de se donner « un projet éducatif qui intègre concrètement les croyances et les valeurs particulières de la religion dont se réclame l'établissement ».

Complémentarité sociale essentielle

Georges Leroux, professeur de philosophie

■ Loin d'être les remparts de l'autorité du passé, les établissements privés acceptent au contraire le mandat d'expérimenter concrètement, dans leur projet spécifique, la signification des valeurs qu'ils promeuvent de manière particulière. Leur avantage est que ces valeurs sont proposées à une communauté de vie et de savoir qui les accepte comme références primordiales, et qui donc accepte aussi qu'elles comportent une dimension substantielle qu'elles ne pourraient pas avoir dans le système public.

C'est cette expérience qui en fait un partenaire essentiel, car la réflexion critique développée dans ces écoles en fait un foyer de diffusion indispensable pour l'ensemble du système dans la société. C'est en ce sens que je lis donc la proposition 11 de la déclaration (Déclaration adoptée par la FEEP en 2006), celle qui affirme le rôle de partenaire de la mission éducative : ce partenariat est ajusté aux objectifs et valeurs définis par l'État, mais il se propose comme complémentaire, dans la mesure où dans une situation instable, il propose d'en réfléchir la définition et les moyens dans un milieu chaque fois particulier et autonome. Cette particularité et cette autonomie sont les conditions spécifiques du retour à la collectivité qui, inévitablement, se produit au terme d'un processus d'approfondissement.

Les valeurs de l'enseignement privé, conférence à la FEEP, 2006

Avec le retrait de plus en plus marqué de la religion à l'école publique québécoise – même s'il reste un cours d'« éthique et de culture religieuse » – , on peut imaginer que plusieurs parents voudront faire le choix d'une école privée qui offre un caractère religieux confessionnel : projet éducatif, cours de morale et de religion d'ordre confessionnel, animation pastorale. Au nom du bien commun, on peut légitimer certains contrôles de la part de l'État, surtout si l'État donne diverses subventions. Il ne faut pas cependant que cela revienne, en pratique, à une négation du caractère spécifique de l'établissement et donc du droit des parents de choisir une école conforme à leurs convictions.

Les subventions n'ont rien à voir, d'ailleurs, avec l'idée que l'État subventionne la formation religieuse confessionnelle. En France, par exemple, le raisonnement officiel est le suivant : au moins 90 % des cours qui se donnent à l'école privée sont de même nature que ceux de l'école publique. Il est normal que l'État subventionne jusqu'à cette proportion. Même objectif, même traitement.

La référence religieuse est souvent qualifiée par ceux qui sont hostiles à l'enseignement privé de justification superficielle ou rhétorique. La tradition religieuse chrétienne, par exemple, ne serait utilisée que comme caution d'un projet auquel elle ne contribuerait par ailleurs aucunement. « Cette critique, admet le philosophe Georges Leroux dans une conférence à la Fédération des établissements d'enseignement privés (FEEP), mériterait une discussion très minutieuse, car en effet les liens moraux qui existent entre la tradition religieuse associée, parfois depuis les origines, à un établissement, et son projet

Un enjeu démocratique
Dossier de *L'Agora*

■ Il apparaît de plus en plus clairement que le gouvernement québécois devra, en matière d'éducation, choisir entre
le point de vue et les intérêts de la population et ceux des
groupes dont l'existence même dépend des fonds publics
distribués par le ministère de l'Éducation : syndicats
d'enseignants, associations de directeurs d'écoles, fédéra-
tions de commissions scolaires, etc. Tous ces groupes sont
hostiles à l'école privée. La population du Québec est d'un
autre avis, comme l'a montré il y a quelques mois un
sondage Léger et Léger.

L'essentiel de ce sondage portait sur une comparaison des
perceptions entre les réseaux privé et public de l'enseignement au Québec quant à leur structure, leurs caractéristiques principales, et leurs modes de financement. [...] Or,
86 % des répondants considèrent que le fait d'avoir le choix
entre les réseaux d'enseignement, privé et public, constitue
un avantage pour le Québec. La possibilité d'exercer un
choix représente ici un avantage pour la vaste majorité des
répondants, tous paramètres considérés. Les parents ayant
un ou des enfant(s) à l'école privée ont répondu oui à 96 %
et ceux dont les enfants vont à l'école publique sont du
même avis à 87 %. En outre, plus les répondants sont scolarisés, plus ils sont d'accord avec le fait qu'avoir le choix
entre les deux réseaux constitue un avantage : de 75 %
pour les moins scolarisés à 88 % pour ceux qui ont plus de
16 ans de scolarité.

L'Agora, vol. 4, n° 1, sept. 1996

éducatif, sont souvent traités de manière purement impli-
cite ».[39] Ce point est pourtant crucial dans la mesure où il est
porteur de l'identité de plusieurs établissements d'enseignement privés. D'autant plus que nous vivons dans une société
(et une école publique) qui a de la difficulté à proposer des
finalités, des valeurs et des normes substantielles ainsi qu'à
inventer un nouveau rapport aux croyances et à la transcendance. « Non pas qu'il s'agisse d'avoir recours aux traditions
et aux communautés comme à des dépôts de significations
figées dans leur différence, continue le philosophe, mais bien à
des références sans cesse revues et réfléchies en vue du
meilleur équilibre possible pour une communauté vivante ».
C'est ce qui fait, d'ailleurs, que l'école privée constitue non
seulement un choix démocratique pour les individus, mais
aussi un partenaire essentiel pour la société. (Voir p. 60)

4. La notion d'école commune, apte à favoriser l'intégration et
l'expérience de la mixité sociale, ne doit pas être dénaturée. La
notion d'école commune, en effet, n'est pas synonyme d'école
uniforme; c'est plutôt celle qui est basée sur des valeurs
communes. Or, en dehors de la dimension religieuse, les objectifs éducatifs de l'école privée sont les mêmes que ceux de
l'école publique. Les élèves du réseau privé sont des jeunes
Québécois au même titre que ceux du réseau public, partageant
les mêmes valeurs et la même culture. Il y a d'ailleurs, dans
les écoles privées, on l'a vu dans le premier chapitre, une
majorité de jeunes de classe moyenne, beaucoup d'enfants de
parents immigrants, plusieurs parents dont le français n'est pas
la langue d'origine. À Montréal, c'est globalement la même
proportion que dans le réseau public.

Poussée à l'extrême, d'ailleurs, cette notion d'école commune s'opposerait à toutes formes d'écoles à projet particulier : écoles alternatives, écoles internationales, écoles sport-étude, sport-musique, voire à toutes classes homogènes à l'intérieur d'une même école. C'est pratiquement la position de la Centrale des syndicats du Québec (CSQ) qui demande au gouvernement (en plus de supprimer les subventions aux écoles privées) d'imposer un parcours unique jusqu'en 4e et 5e secondaire. Cette question soulève un difficile équilibre à trouver entre trois choses : le droit des parents de choisir pour leurs enfants une éducation conforme à leurs convictions; la diversité des aptitudes et des goûts chez les jeunes; l'égalité des chances et la mission d'intégration sociale que l'école doit remplir. On peut penser qu'il y a des extrêmes à éviter, mais on ne peut minimiser, autant que la CSQ le désire, les droits des parents. En outre, ce serait donner dans une uniformité dommageable pour les jeunes qui ont besoin de se développer selon leurs goûts, leurs centres d'intérêt et leurs talents. Sous les apparences d'une idée de gauche, l'uniformisation est en réalité tout le contraire. On y reviendra. (Voir p. 62)

5. Ce qui gêne souvent dans le réseau des écoles privées, c'est la nature du projet religieux. Il y a pourtant des écoles privées laïques, y compris au sein de la Fédération des établissements d'enseignement privés (FEEP). De plus, les écoles chrétiennes – du moins celles qui sont rattachées aux grandes confessions – acceptent généralement les jeunes de toutes confessions religieuses : elles sont loin d'être intolérantes ou refermées sur elles-mêmes. Reste peut-être – on n'ose pas toujours le dire – certaines écoles ethno-religieuses à confessionnalité stricte. Mais depuis quand bousille-t-on tout un système pour quelques

exceptions? Ne doit-on pas plutôt en certains cas ajouter des conditions à l'octroi du permis et des subventions gouvernementales?

L'égalité des chances

Le principe d'égalité est souvent servi comme argument pour s'opposer aux subventions faites au réseau privé, voire à l'existence même d'un système privé. L'argument prend ses racines dans les droits fondamentaux de la personne. Il a donc du poids, mais il ne doit pas être invoqué comme un mantra; il exige analyse, sens des nuances, contextualisation. Comme tous les droits fondamentaux d'ailleurs.

L'égalité, en effet, est une notion relative. L'égalité des êtres humains, en effet, ne renvoie pas à une équation mathématique, mais à un rapport de proportionnalité. Dès la naissance, existent des inégalités : génétiques, économiques, sociales, intellectuelles. La vie en reste remplie : certaines sont inévitables, d'autres peuvent être atténuées, d'autres enfin doivent être combattues. L'égalité n'est donc pas un fait – à moins de se limiter à son fondement philosophique, métaphysique –; elle est un objectif que la société se donne, une sorte d'utopie directrice, un principe de discernement et d'action. Il y a, en effet, une *égalité formelle* (nous sommes tous égaux en droit) et l'*égalité réelle* à aménager de manière positive et réaliste. Appliquons l'analyse à l'école en distinguant divers aspects de l'égalité : égalité d'accès, égalité de résultat, égalité de traitement, égalité des chances.

1. L'« égalité d'accès » signifie que chacun peut fréquenter l'école, accéder à l'instruction, sans y être empêché à cause de son sexe, son ethnie, sa religion, sa condition socio-économique. Très bien. Mais ce principe n'exige pas d'avoir accès à n'importe quelle école à projet particulier ni l'accès à certaines études si l'on n'en a pas les capacités intellectuelles.

2. L'« égalité de résultat », comme le mot l'indique, demande que tout le monde atteigne le même résultat : par exemple, le même diplôme secondaire dans le même laps de temps. En plus d'être une illusion, cet objectif comporte deux risques majeurs pour les jeunes : d'une part, ne pas répondre aux goûts, intérêts, capacités et cheminement particulier de chacun et, d'autre part, diminuer les exigences scolaires, comme l'allègement des contenus, la normalisation des résultats, le refus du redoublement. Et si on pousse plus loin, cela conduirait à supprimer les arts, le sport, la musique, parce que tous ne peuvent arriver au même résultat. Le rejet de cette forme d'égalité justifie que l'école fixe des objectifs à chaque niveau et mesure les acquis, même si on sait que certains élèves ne réussiront pas, que la majorité atteindra le minimum requis et que d'autres dépasseront les attentes.

3. L'« égalité de traitement », au sens strict, signifie de traiter tout le monde de la même façon : de donner la même chose à chacun (locaux, matériel pédagogique, enseignants) et suivre avec tous le même programme (activités, démarches). Il y a là une idée intéressante, mais biaisée parce que les besoins, les capacités, les intérêts et les goûts des élèves ne sont pas les mêmes. Aussi le respect de chacun et le sens de l'équité demandent-ils plutôt que l'on traite chacun différemment. C'est ce qu'on entend généralement par l'égalité des chances.

4. L'« égalité des chances », en effet, signifie que chacun soit traité selon ses besoins, que personne ne soit empêché de faire ce dont il est capable, que tous puissent aller au bout de leurs talents, capacités et goûts. Cet objectif exige une pluralité de voies sur le plan scolaire, une pluralité de programmes, voire d'écoles (publiques ou privées). Il requiert aussi, pour être réaliste et contrer certains effets systémiques, de donner davantage à ceux qui ont plus de besoins, d'apporter un soutien spécial aux plus faibles, aux plus démunis et, notamment, aux écoles en milieux défavorisés.

L'objectif d'égalité ne demande pas de supprimer toute sélection basée sur le mérite : celui-ci est souvent la seule façon de contrer les privilèges d'argent et de statut social. Plusieurs « grands lycées » en France sont sélectifs et constituent un stimulant important pour les jeunes, en plus d'être une pépinière de futurs agents du développement du pays. Supprime-t-on d'ailleurs les jeux Olympiques parce que tous les aspirants ne peuvent y accéder? L'inégalité, ce n'est pas qu'une école internationale (publique ou privée) ne reçoive que les plus forts intellectuellement, mais que seuls les riches y aient accès ou que les concours soient truqués. Aussi, paradoxalement, la véritable égalité demanderait que ceux qui réussissent le concours reçoivent l'aide financière dont ils ont besoin soit directement par des bourses ou bons d'étude (il faudrait analyser la faisabilité de la chose), soit indirectement par des subventions gouvernementales versées à l'établissement (c'est le cas actuel), soit par un crédit d'impôt accordé aux parents (mais cette solution ne bénéficie pas à ceux qui ne paient pas d'impôts, c'est-à-dire les plus démunis).

L'« égalité des chances » n'exige pas, enfin, d'éliminer toute émulation et compétition, même si ces mots connotent souvent l'idée de rivalité ou de jalousie. Il existe une saine émulation qui donne du ressort et de l'ardeur à la tâche. Ce qu'il faut, c'est que l'école offre de l'émulation dans divers champs d'activités et que le jeune soit conscient qu'il peut être fier de lui et mériter l'admiration pour d'autres talents qu'intellectuels, par exemple en musique, en théâtre, dans les arts, le sport ou la technologie. C'est pourquoi la diversité constitue une exigence d'éthique sociale en plus d'être une richesse pour la société.

Loin de s'opposer à l'existence d'écoles privées, l'objectif d'égalité demande plutôt de n'en pas limiter l'accès à une seule catégorie d'enfants ou de ne pas faire en sorte que seuls les enfants de riches puissent y accéder.

La diversité et la diversification

La diversité constitue une richesse non seulement au sein de la nature (diversité des espèces dans l'univers), mais aussi au sein de l'humanité : diversité des peuples et des cultures, diversité des personnes, diversité des champs d'activité et des œuvres produites. Pourquoi n'en serait-il pas de même pour l'école et dans l'école pour répondre aux aptitudes, intérêts et besoins divers des jeunes? Il y a là un objectif essentiel de l'éducation.

1. Bien sûr qu'il doit y avoir des cours obligatoires, certains programmes uniformes, mais il peut et doit y avoir aussi des voies diverses pour répondre aux talents et intérêts de chacun. Cela vaut pour le type d'école : régulière, avec section inter-

nationale, projet particulier, etc. Et pourquoi pas des écoles distribuées en deux réseaux, public et privé? Il n'est jamais bon, pour une société, de tout mettre ses œufs dans le même panier.

Souvent les décrocheurs ne sont pas des « cancres ». Une bonne proportion d'entre eux sont même, peut-être, des surdoués malheureux dans une école qui avance trop lentement ou des jeunes atypiques dans un système mal adapté à leurs besoins. [40] (Voir p. 70)

On oppose parfois à la sélection des élèves (dans les écoles publiques à volet particulier aussi bien que dans les écoles privées) les avantages de la classe hétérogène. Certaines enquêtes montrent notamment que, dans un groupe hétérogène, les plus forts tirent les plus faibles vers le haut sans pour autant en souffrir eux-mêmes. Certes, ces résultats font réfléchir. Mais ils ne sont pas unanimes. Et les études citées ne disent pas toujours si l'on a tenu compte de la qualité et de la motivation des enseignants, de la taille de l'école, de l'existence de groupes-classes, etc. Il faut aussi savoir relativiser les statistiques. D'un côté, aux dires de plusieurs éducateurs, la motivation des élèves « faibles » dans une classe homogène est plus facile en permettant à certains de se faire valoir et de se hisser au sommet, alors qu'ils seraient éclipsés en présence d'élèves forts. Le succès d'une classe de « faibles » ne tient-il pas surtout à la qualité et à la ferveur de l'enseignant? Tout éducateur connaît en particulier l'effet Pygmalion.[41] D'un autre côté, le regroupement des « forts » n'est-il pas plus motivant et stimulant pour eux? L'exemple des options en mathématiques à la fin du secondaire (maths 416, 426 ou 436 et 514, 526 ou

Le décrochage
Claude Picher, journaliste

■ Ici aussi, il faut combattre un autre préjugé abondamment véhiculé, voulant que les décrocheurs soient tous des cancres.

Au contraire, toutes les études sur le profil des décrocheurs vont dans le même sens : une importante proportion d'entre eux sont des surdoués qui ne se reconnaissent pas et qui sont souvent infiniment malheureux, dans un système qui avance trop lentement pour eux. En ce sens, il est fort probable que la société québécoise se tire dans le pied en poussant ses meilleurs élèves vers un réseau incapable de combler leurs attentes.

La Presse, 15 mars 2005

536) est particulièrement éloquent : pourquoi offre-t-on des cours différents si ce n'est pour favoriser, à la fois, les plus forts et les plus faibles en les regroupant par catégories? Dans certaines classes hétérogènes, les élèves forts (les « bolés ») sont objet de sarcasmes de la part de leurs condisciples. Enfin, plusieurs enseignants se disent de moins en moins capables de faire la classe à des élèves dont les aptitudes d'apprentissage et la motivation sont trop différenciées.[42]

2. En particularisant la question, on affirme parfois que les classes homogènes ou, plus précisément, les écoles et les classes spéciales pour élèves en difficulté stigmatisent ces élèves et les enferment pour la vie dans leurs handicaps. Cependant, on stigmatise les faibles et les handicapés aussi dans les classes hétérogènes, notamment dans les classes régulières où tous les types d'élèves sont regroupés.[43] Et peut-être davantage encore parce qu'il n'y a aucun répit pour les élèves en difficulté, alors que dans les classes ou les écoles adaptées, il y a des zones de reconnaissance. De toute façon, dans une situation ou dans l'autre, on stigmatise surtout si l'enseignant et l'ensemble des éducateurs laissent faire sans éduquer au respect et à l'entraide. Rien n'empêche, de plus, quand c'est possible, le retour au régulier de certains élèves, comme c'est le cas là où le parcours des deux premières années du secondaire se fait en trois ans. Ces regroupements, enfin, ne sont-ils pas *naturels*, alors que dans nos propres vies, nous nous regroupons par affinités et centres d'intérêt?

Dans un article très touchant sur l'organisme La boîte à lettres, dédié à l'alphabétisation, Brigitte Bédard fait état des difficultés des analphabètes à surmonter leur handicap et à apprendre ainsi qu'à la complexité du travail de l'organisme auprès d'eux.[44] Et la journaliste de rapporter comment à La boîte à lettres, on en est venu à changer tout le processus d'apprentissage, y compris les objectifs : non plus apprendre à lire, écrire et compter, mais apprendre à s'exprimer, s'apprécier et se débrouiller à l'aide de divers ateliers : expression corporelle, théâtre, lettres aux ministères, etc. – Or, ce sont exactement les objectifs visés et les processus d'apprentissage prévus dans des classes et des écoles spéciales.

Dans une lettre aux journaux en mars 2005, la romancière Arlette Cousture raconte comment sa fille intellectuellement handicapée n'avait pas progressé pendant des années dans une classe régulière où, de toute manière, l'enfant ne fait pas « partie du groupe auquel il est censé être intégré ». Et comment la vie de sa fille avait changé quand elle l'avait inscrite dans une école spécialisée où justement, l'objectif n'était pas d'apprendre à lire et compter, mais à devenir autonome, à se débrouiller dans la vie : tenir appartement, laver son linge, aller à l'épicerie, tenir ses comptes, prendre les transports en commun, etc. La lettre se terminait par ce constat : « Pour avoir vu le bonheur des jeunes *ségrégués*, je demande pardon aux jeunes handicapés qui ne pourraient pas bénéficier de telles infrastructures pour qu'ils apprennent à s'aimer et à gagner. Je suis heureuse de nos choix, toujours pénibles et douloureux, mais maintenant, quand je vois ma fille acheter 5 $ de fleurs pour mettre dans sa boîte à fleurs, je me dis que je pourrai mourir sans avoir le sentiment de l'abandonner ».[45] (Voir p. 74)

Ces dernières réflexions concernent les enfants avec un lourd handicap. Les élèves en difficulté ne sont pas tous ainsi. L'attitude proposée avec les premiers peut quand même servir de modèle pour les seconds. Encore une fois, cependant, il n'est pas question d'obligation, d'imposer un seul modèle, une seule formule, mais de permettre le choix. Il y a tellement de variables à considérer dans chaque cas.

3. Au-delà de ce débat particulier, il ne faut pas sous-estimer les services que le privé est presque seul à rendre à la société, du moins dans les circonstances actuelles. Par exemple les 26 pensionnats, les 11 écoles spécialisées pour enfants handicapés et en difficulté grave d'apprentissage ou de comportement.

En matière d'éducation, il n'y a donc pas d'absolu ni de solution magique ou unique. Le succès dépend beaucoup du type et du degré de difficulté du jeune. Et beaucoup aussi de la ferveur et de la motivation des enseignants. S'il y a une conclusion à tirer, c'est de laisser les possibilités ouvertes, de favoriser la diversification des voies quand l'intégration ne semble pas favorable, de respecter le choix des parents qui ont à vivre avec ces enfants et d'accepter l'apport que l'école privée peut offrir. Celle-ci trouve parfois des innovations que l'école publique adopte avec bonheur par la suite. Une société qui veut supprimer toutes diversités et diversifications frise le totalitarisme et tend dangereusement vers la sclérose. La social-démocratie fait appel à beaucoup plus de nuances et de délicatesse.

Témoignage : une classe homogène

Arlette Cousture, romancière

■ Après avoir espéré pendant cinq ans que ma fille, handicapée intellectuelle, puisse être insérée dans les classes régulières, après l'avoir vu souffrir, j'ai heureusement été forcée de changer d'avis. Je dis « heureusement », et voici les raisons.

Premièrement, le développement de l'enfant handicapé se fait déjà à un rythme différent, mais il peut « évoluer » avec les autres – comprendre le mot « évoluer » dans tous les sens –, au maximum, à mon avis, jusqu'à la fin du premier cycle scolaire. Maximum. [...]

Deuxièmement, la capacité d'apprentissage est autre. Il est clair qu'il était impossible à ma fille de comprendre, de suivre une consigne, de travailler dans le but d'obtenir un résultat. [...]

Cinquièmement, après plusieurs mois de ce traitement, socialement et pédagogiquement inefficace, nous avons fait des pressions auprès de la commission scolaire pour que notre fille soit transférée à l'école Irénée-Lussier de Montréal, école spécialisée dans l'apprentissage de la vie! [...]

Sixièmement, après six ans dans cette école, ma fille avait appris à avoir confiance en elle. Pendant six ans, elle réussissait ce qu'elle entreprenait, et ce, sans avoir à se comparer aux autres élèves des classes normales. Elle ne passait pas ses journées en situation d'échec.

Cette ségrégation que nous avons choisie – qui nous apparaissait d'abord comme un échec – lui aura permis de s'armer pour affronter la « vraie » vie. [...] Ma fille a maintenant 30 ans. Elle vit seule en appartement. [...]

Elle a des amis handicapés, « tiens donc! », des loisirs avec des personnes handicapées, connaît de nombreuses personnes non handicapées mais leur préfère ses amis. [...]

Pour avoir vu le bonheur des jeunes « ségrégués », je demande pardon aux jeunes handicapés qui ne pourraient pas bénéficier de telles infrastructures pour qu'ils apprennent à s'aimer et à gagner. [...]

Le Devoir, 2 mars 2005

L'émulation et la concurrence

On présente souvent les réseaux public et privé comme opposés et concurrents plutôt que complémentaires.[46] On pourfend la concurrence avec, derrière la tête, l'idée qu'elle est malsaine et joue en défaveur du réseau public. Les faits sont loin de donner raison à ces affirmations.

1. Contrairement à une opinion largement répandue, il semble bien que la concurrence (entre écoles publiques variées, et entre écoles publiques et privées) ait un effet positif sur la performance des écoles publiques. D'un point de vue théorique, l'offre accrue de programmes et de contextes scolaires variés (écoles privées, internationales, alternatives ou programmes combinés sport-études, art-études) devrait stimuler l'innovation, la créativité et l'adaptation aux besoins des élèves, avec pour résultat que ceux-ci réussissent mieux. Et c'est ce qui se vérifie en pratique, selon une étude de trois chercheurs québécois de HEC Montréal sur la concurrence entre des écoles variées en général et, quoique moins nettement, sur la concurrence entre le réseau public et les écoles privées.[47]

Les trois chercheurs ont analysé 23 enquêtes menées en Suède et aux États-Unis. Il n'existe aucune preuve, notent-ils d'abord, que l'existence d'écoles privées nuise au secteur public. Bien plus, ils constatent que souvent, l'existence d'écoles privées et même la simple augmentation des inscriptions au réseau privé ont un effet positif sur les résultats scolaires des élèves du secteur public, sur le taux de diplomation au secondaire et, influence indirecte, sur la hausse du nombre d'années de - scolarité des individus et leur salaire à 24 ans. Et cela sans

L'émulation
Sylvain Bernier, chercheur à l'École nationale d'administration publique

■ De plus, plutôt que de renforcer le secteur d'enseignement public, l'abolition des subventions aux écoles privées risque de l'affaiblir à moyen et long terme. Plusieurs études montrent que la concurrence des écoles privées a des effets bénéfiques importants sur l'offre scolaire et la performance du secteur public. Ce phénomène s'observe concrètement au Québec.

Depuis quelques années, les écoles privées gagnent en popularité. Loin de se laisser abattre, le secteur public a réagi énergiquement en offrant des programmes éducatifs adaptés aux exigences des parents. Sans l'émulation du secteur d'enseignement privé, on peut se demander si les écoles publiques offriraient aujourd'hui une gamme aussi étendue de programmes particuliers. Une chose est certaine, les programmes particuliers contribuent significativement à la réussite scolaire des élèves et freinent le décrochage scolaire.

La Presse, 16 mars 2005

augmentation des coûts par élève. Même si la situation au Québec n'est pas la même que dans ces pays, les trois auteurs se croient en mesure d'affirmer : « Sur la base de l'ensemble des études publiées sur le sujet, il est possible de conclure que la concurrence de tout type dans le milieu scolaire amène les écoles publiques à mieux performer, et cela pour diverses mesures de la performance. Nuire à la concurrence entre les écoles est une opération nettement plus risquée que permettre le libre choix aux élèves et aux parents. »[48] (Voir p. 76)

2. Le grand épouvantail, ici, c'est le palmarès, voire le palmarès des écoles secondaires établi depuis quelques années par l'Institut économique de Montréal et publié dans la revue *L'Actualité*. Tout palmarès est faux à certains égards. Celui de *L'Actualité* est particulièrement irritant avec toutes ces écoles privées en premières places et en dernières, les écoles de dernier recours : écoles pour « décrocheurs » ou « raccrocheurs » (comme l'école Boudreau à Québec, Marie-Anne à Montréal), écoles pour adolescentes enceintes (comme Rosalie-Jetté à Montréal). Il est démoralisant pour les partenaires du réseau public. Il constitue une publicité gratuite et massive pour le privé; il incite certains parents à fuir l'école publique. Aussi est-il dénoncé par la CSQ, mais aussi par deux associations d'établissements d'enseignement privés (FEEP et AEPQ).

À y regarder de plus près, cependant, il présente certains côtés positifs : il peut susciter une saine émulation, amener des écoles publiques à redoubler d'effort.[49] L'existence de la Grande Bibliothèque de Montréal dévalorise-t-elle les bibliothèques de quartier? S'insurge-t-on contre les guides de l'auto ou des vins? Faut-il abolir les étoiles qui indiquent la qualité des restaurants? Les critiques littéraires et artistiques? Le classement des films? N'essayons-nous pas de savoir quel est le meilleur médecin, la meilleure clinique? N'y a-t-il pas d'ailleurs une sorte de concurrence dans le maraudage périodique des syndicats?

Les articles de la revue *L'Actualité* qui accompagnent le palmarès mettent d'ailleurs beaucoup d'éléments en perspective. Il y a des tableaux qui mettent en relief d'autres facteurs que la performance scolaire, à savoir les écoles qui se sont le plus améliorées, et celles qui ont un haut taux d'élèves immigrés. Au Nouveau-Brunswick, il y a deux palmarès, l'un fait par un organisme de recherche, l'autre par le gouvernement : celui-ci en favorise la diffusion et y voit une occasion de redoubler d'efforts pour améliorer la qualité de l'éducation.[50] Ce qu'il faudrait ajouter cependant au palmarès de *L'Actualité*, ce sont d'autres tableaux où l'on compare des choses comparables : par exemple, certains collèges privés avec les sections internationales du public, un projet art-études de l'un et l'autre réseau.

Mais il y a encore mieux. Les établissements privés ont tous un syllabus qui présente leur projet et ils publient chaque année un rapport de leurs activités. Ce dernier est particulièrement intéressant, selon la CSQ : « Ce rapport permet aux parents de bien comprendre le projet éducatif de l'école (les valeurs importantes, les grandes orientations en matière d'instruction, de socialisation et de qualification). Il permet également de vérifier si les objectifs que s'est fixés l'école en début d'année ont été atteints et que des efforts ont été faits en ce sens. Ce document constitue la meilleure manière de connaître ce qu'une école peut offrir à un enfant et comment elle pourrait l'aider à cheminer vers la réussite. »[51] Ne pourrait-on pas en faire une sorte de cahier commun, plutôt que d'obliger les parents et les jeunes à faire le tour des établissements pour en prendre connaissance?

Le même problème se pose en France avec le palmarès du gouvernement basé sur les résultats au baccalauréat. En réaction, les lycées de l'Île-de-France ont commencé à établir un palmarès fondé non pas sur le taux de réussite au bac, mais sur la « valeur ajoutée » par l'équipe pédagogique, c'est-à-dire l'écart entre le taux de réussite « brut » et le taux « attendu » chez les candidats ayant le même âge et dont les parents appartiennent à la même catégorie professionnelle.[52] Toutes sortes de formules sont donc possibles.

La qualité de l'enseignement

Un des objectifs du débat actuel est d'améliorer la qualité de l'enseignement public. Celui-ci en effet est mal en point : fatigue des enseignants, élèves difficiles, classes trop nombreuses, insuffisance de spécialistes et donc, en partie, manque d'argent. Si des parents choisissent l'école privée, souvent c'est qu'ils en reconnaissent l'acquis historique et la qualité pédagogique. Quelle est la clé du succès? Examinons quelques points.

1. Le réseau public manque d'argent, c'est clair. Comment y remédier? L'abolition des subventions au privé est loin d'être la meilleure voie. On l'a vu précédemment. Ne pourrait-on pas faire des économies ailleurs? Cela semble évident. Nous y

reviendrons au chapitre trois. Mais surtout, il ne faudrait pas que la question monétaire éclipse les autres aspects à considérer.

2. On affirme souvent que si on diminuait le financement des établissements privés, le passage au public d'une grande proportion d'élèves forts permettrait d'améliorer sensiblement la situation de l'enseignement public. Certes, cette affluence permettrait de garder ouvertes certaines écoles de quartier menacées de fermeture faute de clientèle. Et l'arrivée d'élèves forts pourrait peut-être stimuler l'ensemble. Mais serait-ce suffisant? D'un côté, il n'y a pas que des élèves forts au privé, on l'a vu au premier chapitre. Et d'un autre côté, rien ne prouve que les rapatriés du réseau privé, habitués à choisir leur école, iraient enrichir les écoles de quartier, notamment celles de milieux défavorisés, plutôt que les sections fortes du réseau public : projets particuliers, sections enrichies, sections internationales, etc. À moins de prôner l'uniformisation des écoles! La clé n'est pas là.

3. On ne peut nier qu'une part des difficultés de l'enseignement public vient de la fréquence des réformes pédagogiques qui essouffle les enseignants,[53] d'une politique d'intégration des élèves et des jeunes enseignants mal gérée, d'une certaine bureaucratie ministérielle, de l'intransigeance des syndicats. Ce n'est pas l'arrivée de nouveaux élèves ou de nouveaux fonds qui y changera quelque chose.

4. Le succès scolaire des enfants à l'école dépend surtout des parents, notamment de leurs motivations et valeurs. Une étude récente, menée aux États-Unis par les professeurs Roland Fryer

et Steve Levitt, confirme ce qu'on savait déjà : le succès des enfants à l'école dépend surtout des parents : leur intérêt, leur motivation, et leur statut socio-économique.[54] Les deux chercheurs constatent au départ que les rejetons des parents instruits et fortunés réussissent mieux que les autres – il n'y a pas là de surprise –, soit par le fait que les parents instruits sont en général plus doués que la moyenne pour les études, soit encore parce qu'ils valorisent les études. En partie par hérédité, en partie par transmission des valeurs, leurs enfants présentent souvent à leur tour de bons résultats scolaires. Fait anecdotique, les chercheurs observent que s'il y a beaucoup de livres à la maison, l'enfant – même si on ne lui fait pas la lecture ou ne lui apprend pas à utiliser l'ordinateur – a de meilleurs résultats en classe. L'interprétation la plus probable, signale Pierre Fortin, qui rapporte cette étude, est que cette présence des livres révèle un intérêt particulier des parents pour l'activité intellectuelle. C'est cet intérêt sous-jacent qui façonne les valeurs de l'enfant et l'incite à bien travailler à l'école. Dans cette perspective, c'est moins un surplus d'argent dont l'école publique a besoin, que d'une valorisation de l'éducation dans la société et d'un effort d'implication des parents.

5. À cette influence des parents pour expliquer le succès scolaire des jeunes, divers observateurs ajoutent l'encadrement, la discipline, le sentiment d'appartenance et le climat ou l'atmosphère de l'école. Cela constitue d'ailleurs une importante préoccupation des parents. Divers facteurs entrent en ligne de compte à cet égard : la présence de titulaire, tuteur ou mentor, les mesures de soutien, les périodes d'étude inscrites à l'horaire, les activités parascolaires, la discipline (notamment la ponctualité, la remise des travaux), l'existence de groupes

stables, l'uniforme ou la réglementation de la tenue vestimentaire, le vouvoiement. Toutes choses qui exigent des enseignants et de la direction concertation et cohésion. Mieux, un véritable consensus autour d'un projet d'école, d'un projet éducatif, avec la ferveur que cette mission demande. Rien n'empêche le réseau public d'offrir ou d'améliorer ces objectifs.

Une enquête, menée au printemps 2003 par le Conseil supérieur de l'Éducation sur ce sujet, présente deux conclusions intéressantes : dans l'ensemble il y a une très forte présence de mesures d'encadrement dans toutes les écoles du Québec et, d'un autre côté, la proportion est presque identique dans les écoles publiques et les écoles privées, même si sur un point ou l'autre, il y a des différences significatives.[55] Mais, comme le signalent les auteurs, l'enquête n'a porté que sur les mesures quantitatives et non sur les aspects qualitatifs : le nombre de personnes-ressources affectées, la qualité des services offerts, la mobilisation réelle du corps enseignant. Pour le besoin de comparaison entre les deux réseaux, cela constitue une limite majeure.

Toujours est-il que, contrairement à ce qu'affirment certains,[56] ce que l'on appelle dans le jargon du métier l' « effet école » est pour quelque chose dans le succès des élèves : c'est une évidence incontestable. Plusieurs témoignages d'enseignants l'attestent.[57] Toutes choses qui ne requièrent pas d'argent.

L'exemple des autres pays

Malgré la délicatesse que demande la comparaison avec d'autres pays, vu les contextes différents et les nombreux paramètres en cause, il y a lieu parfois de s'en inspirer. À tout le moins faut-il en faire état pour contrer certaines inexactitudes qui circulent.

Pour les fins de notre analyse, on peut diviser les pays du monde occidental en deux catégories : ceux qui acceptent que les écoles privées jouent un rôle dans l'offre éducative et ceux qui ne l'acceptent pas.[58]

1. Première catégorie : ceux qui reconnaissent les écoles privées comme service à la population. C'est le cas de la majorité des pays. Dans tous ces cas, la subvention, déterminée en fonction des coûts du réseau public, est élevée :
– 100 % aux Pays-Bas : le montant inclut le personnel enseignant, y compris pour la catéchèse, le personnel administratif, les frais de fonctionnement;
– 100 % au Royaume-Uni pour les *Voluntary Controlled Schools*;
– presque 100 % en Suède depuis 1992 pour certaines écoles;
– presque 100 % en Belgique : le salaire des enseignants est subventionné en totalité; les frais de fonctionnement, d'équipement et d'entretien en grande partie;
– 90 % en France (depuis le loi Debré en 1959) pour les établissements dits « sous-contrats », en tenant compte des salaires des enseignants, des frais de fonctionnement et d'une partie de l'entretien des locaux;
– 80 à 85 % au Danemark.

Incidemment notons que, dans la plupart des pays de cette première catégorie, la clientèle des établissements privés a augmenté de 10 à 12 % ces dernières années. En Belgique, l'enseignement privé regroupait 56 % des élèves en 1980.

Au Danemark, il est aujourd'hui de 13 %. En France, les effectifs du privé sont stables et se situent autour de 21 %. Les écoles privées y sont catholiques à 90 %, mais elles accueillent de plus en plus des non-croyants et des musulmans. Ceux-ci sont même majoritaires dans plusieurs écoles catholiques du nord de la France.

2. À la seconde catégorie appartiennent les pays qui ne reconnaissent pas l'enseignement privé comme service à la population. C'est le cas des États-Unis : le secteur privé y rassemble autour de 12 % des élèves; les frais d'inscription s'élèvent en moyenne à 3 600 $. La situation y est cependant très différente de la nôtre puisque le financement des écoles publiques est assuré par les impôts fonciers prélevés par les comtés et municipalités. La qualité des écoles publiques est donc variable en fonction de la richesse des comtés.[59] D'un autre côté, le pays est globalement plus riche que le Québec et les gens fortunés ont l'habitude d'y faire des dons importants et de créer des fondations à but social. Enfin, dans certains États américains, un « chèque-éducation » a été institué afin de permettre à des enfants moins favorisés de défrayer les coûts de leur inscription dans une école privée.

Bref, conclut Gérard Gosselin dans son étude, partout, les gouvernements s'efforcent d'exaucer les vœux de la population, en créant un véritable marché scolaire, n'hésitant pas pour atteindre un tel objectif à promouvoir la création d'une école privée dans les milieux où ce choix n'existe pas encore.[60]

L'exemple des provinces canadiennes

Les déclarations à l'emporte-pièce à l'effet que le Québec serait beaucoup plus généreux que les autres provinces en matière de financement des établissements privés sont clairement excessives et méritent à tout le moins d'être nuancées. Telle est la conclusion d'une minutieuse étude de Jacques Marois, publiée en octobre 2005, sur l'enseignement privé dans les provinces canadiennes.[61] Pour suivre les méandres de la réalité, il y a intérêt à distinguer clairement ici deux choses : les effectifs et les subventions.

1. Au regard des effectifs, le Québec ne fait aucunement bande à part. Il y a une tendance marquée dans presque toutes les provinces à l'augmentation de la clientèle du secteur privé.

– Au cours des dix dernières années (1993-1994 à 2003-2004), pour l'ensemble du Canada, l'effectif du secteur privé a augmenté de 31 %, alors qu'il n'a augmenté que de 11 % au Québec. Celui-ci est devancé par six autres provinces.

– Comme par le passé, cependant, c'est au Québec que le pourcentage d'élèves inscrits au secteur privé par rapport à l'ensemble des élèves est le plus important (10 %). Il est cependant suivi de près par la Colombie-Britannique (9,3 %), puis par le Manitoba (6,5 %) et l'Alberta (4,8 %). En Ontario, il se situe entre 5 et 6 %. Le taux est presque inexistant en Saskatchewan et dans les Maritimes (1 ou 2 %).

2. Au regard des subventions gouvernementales, le même phénomène joue, contrairement à ce qu'on entend souvent.

Dans les quatre provinces Maritimes, l'État ne subventionne pas les écoles privées. Mais les quatre provinces de l'Ouest subventionnent le secteur privé, et elles le font autant, sinon plus généreusement que le Québec. (Voir p. 88)

– Au Manitoba, plus de 90 % des élèves inscrits au privé sont subventionnés. Ces subventions se situent à environ 50 % de l'ensemble des dépenses de fonctionnement des établissements publics : cela correspond à la situation du Québec qui calcule le 60 % sur le seul montant des subventions de base *per capita*. Concrètement, l'État manitobain accorde 1 690 $ par élève au préscolaire, et 3 380 $ au primaire et au secondaire, c'est-à-dire autant qu'au Québec et même un peu plus au primaire. De plus, l'État ajoute une subvention pour chaque élève handicapé ou en difficulté d'adaptation et d'apprentissage. Enfin, une partie du transport scolaire est subventionnée.

– Bien que la Saskatchewan ait peu d'élèves inscrits au privé, elle subventionne 77 % d'entre eux. Les subventions versées (quoique au secondaire seulement) sont très élevées, beaucoup plus qu'au Québec : 4 500 $ à 4 700 $ par élève en 9e année, 5 000 $ à 5 200 $ en 10e, 11e et 12e année. Cela correspond presque à 100 % des coûts.

– L'Alberta subventionne 95 % des élèves du secteur privé. Le préscolaire est subventionné à 100 % comme le public. Les deux autres niveaux le sont à environ 60 % depuis 1998, soit 2 600 $ au primaire et 3 000 $ au secondaire. Cela se compare avantageusement à la situation québécoise. Au primaire, la subvention est égale à ce que donne le Québec.

– En Colombie-Britannique, 80 % des élèves du secteur privé sont subventionnés. Selon que l'école est classée dans la catégorie A (fortement majoritaire) ou B, elle reçoit 50 % ou 35 % de la subvention au public, à savoir 3 000 $ ou 2 800 $. Au primaire, cela constitue une subvention supérieure à celle que consent le gouvernement québécois.

– Rappelons que le Québec subventionne 92 % des élèves du privé, à raison de 60 % du montant de base *per capita* accordé à un élève du public. Cela donne 2 900 $ au préscolaire, 2 600 $ au primaire et 3 500 $ au secondaire.

La situation en Ontario est vraiment particulière. Les écoles privées ne sont pas *directement* subventionnées par l'État.[62] Cependant, on ne doit pas négliger les *subventions indirectes*, sous forme d'exemption de taxes foncières accordées à l'école ou de crédit d'impôts sur le revenu consenti aux parents d'élèves (frais de garderie, frais de scolarité, dons de charité). Dans le Rapport de la *Commission sur les écoles privées de l'Ontario*, en octobre 1985, le commissaire Bernard J. Shapiro rapporte qu'une étude d'un expert les évalue à 17 % du coût total moyen des frais d'inscription, mais que lui-même a visité des écoles où ces subventions correspondaient à plus de 35 %.[63] En 2002, le gouvernement a projeté donner un crédit d'impôt de 3 500 $ pour chaque élève : le projet ne semble pas avoir eu de suite. Dans mes recherches, j'ai lu des affirmations contradictoires sur le sujet : les unes affirmant qu'il n'y a plus de subventions indirectes, d'autres qu'elles perdurent. Selon mon enquête personnelle, les diverses formes de subventions indirectes persistent toujours, quoique de façon non uniforme pour les écoles. C'est pourquoi il est si difficile de les quantifier.

Situation de l'enseignement privé dans les provinces canadiennes

Provinces	% d'élèves au privé	% d'élèves subventionnés	% des subventions	Montant * selon les niveaux
Maritimes	1 à 2 %	0 %	0 %	
Manitoba	6,5 %	90 %	50 % de l'ensemble des dépenses + subvention pour élèves handicapés + partie du transport	présc. 1690 $ prim. 3380 $ sec. 3380 $
Saskatchewan	1,4 %	77 %	presque 100 % au sec.	présc. 0 prim. 0 sec. 4500 $
Alberta	4,8 %	95 %	préscolaire 100 % primaire + sec. 60 %	présc. 100 % prim. 2600 $ sec. 3000 $
Colombie-Britannique	9,3 %	80 %	Cat. A – 50 % Cat. B – 35 %	3000 $ 2800 $
Ontario	5 à 6 %	–	équiv. à 17 % ou 35 % en exonération de taxes + crédits d'impôt	–
Québec	10,5 %	92 %	60 % de la subvention de base *per capita*	présc. 2900 $ prim. 2600 $ sec. 3500 $

Au-delà de ces subventions indirectes, en Ontario, il y a surtout l'existence des « écoles séparées », c'est-à-dire l'existence d'écoles catholiques publiques subventionnées à 100 %, au même titre que les écoles du secteur public non-confessionnel. L'Ontario profite donc d'un double système public ou plutôt d'un quadruple système public, puisque l'éducation en français est, elle-aussi, protégée : les Conseils scolaires [64] non-confessionnels anglophones (31); les Conseils scolaires non-confessionnels francophones (4); les Conseils scolaires catholiques anglophones (29) et les Conseils scolaires catholiques francophones (8). Cet arrangement offre une grande diversité d'établissements sur l'ensemble du territoire et amplifie la possibilité de choix des parents et des élèves.[65]

Avant de prendre l'Ontario (et les États-Unis) comme modèle, il faudrait examiner si cela correspond aux valeurs québécoises. Plutôt que de regarder de ce côté, n'y a-t-il pas lieu de valoriser nos racines européennes, y compris françaises, pour lesquelles l'accès à l'école privée est un choix socialement acceptable et respectable.

Les observations qui précèdent témoignent de l'intérêt toujours croissant de la population canadienne pour l'enseignement privé et montrent que l'aide financière accordée aux établissements privés par quatre gouvernements provinciaux est aussi généreuse et parfois davantage que celle du Québec.

Le compromis démocratique

Certains idéologues rêvent d'imposer leur théorie *de droite* ou *de gauche*. La démocratie, la poursuite du bien commun,

Exigence démocratique
Jean-Paul Desbiens, éducateur, ancien haut-fonctionnaire au
ministère de l'Éducation

■ Rappelons que l'existence du secteur de l'enseignement
privé, en plus d'être une exigence de la démocratie et une
conséquence de notre histoire scolaire, constitue une
richesse culturelle et sociale dont nous n'avons ni le droit ni
les moyens de priver notre société. Il est facile de détruire
une institution; il n'est pas si simple de la restaurer après
l'avoir détruite par légèreté, par manque de sens historique
ou par esprit de système. En plus et en dehors des besoins
auxquels ces établissements répondent présentement de
façon manifeste, nul ne peut savoir à quels besoins inédits
ces établissement pourraient répondre dans l'avenir. [...]

La constitution de monopole, dans quelque domaine que ce
soit, est stérilisante et anti-démocratique. J'ajouterais même,
plus l'obligation de recourir à un service est contraignante et
plus le besoin auquel répond ce service est fondamental,
plus il faut laisser aux usagers la possibilité concrète de
choisir les moyens de remplir l'obligation qu'on leur fait et
qu'ils sont incapables de satisfaire tout seuls.

L'avenir de l'enseignement privé, conférence, Montréal,
décembre 1978

cependant, ce n'est pas qu'un groupe essaie d'imposer aux autres sa vision des choses (groupe majoritaire, groupe de pression, parti qui prend le pouvoir avec 40-45 % des voix, voire 51-52 %), mais que l'on cherche un équilibre à partir de convictions différentes. La société moderne ne peut se satisfaire d'une notion pré-établie du bien commun (d'ordre métaphysique ou religieux), comme au temps d'Aristote, de Thomas d'Aquin ou d'Emmanuel Kant, les citoyens portant des convictions trop divergentes pour ce faire. Il serait d'ailleurs anti-démocratique de chercher à changer le « totalitarisme d'antan » par un nouveau supposé plus moderne : néo-libéral ou socialiste. Le bien commun ne peut se trouver aujourd'hui que par la discussion sincère et empreinte d'ouverture aux valeurs de l'autre. Et éventuellement dans des compromis, complexes, fragiles et provisoires.[66] Tel est le cas des subventions aux écoles privées.

Depuis des années, par exemple, la population du Québec est divisée sur cette question : moitié en faveur des subventions, moitié contre. Un sondage CROP récemment mené pour le compte du *Community Health and Social Service Network* le confirme. Les 1 000 francophones interrogés sur la pertinence de subventionner les écoles privées du primaire et du secondaire se sont parfaitement scindés en deux camps. Parmi les 3 000 anglophones sondés, 58,5 % croient qu'il est important de maintenir ce soutien, actuellement fixé à 60 %. Paradoxalement, le sondage affiche en outre le fait suivant : moins les citoyens sont scolarisés et nantis, plus ils tiennent à ce que l'État maintienne son appui aux écoles privées.[67] À y regarder de plus près, on comprend : ces citoyens ne pourraient y avoir accès sans l'aide gouvernementale. (Voir p. 90)

La situation de la France est exemplaire à ce sujet. Les plus grandes manifestations qu'a connues la France depuis 35 ans ont porté sur l'école privée. Le 24 juin 1984, entre un et deux millions de personnes ont envahi les rues de Paris pour défendre l'enseignement privé contre un projet du gouvernement socialiste d'intégrer l'enseignement privé au système public. La mobilisation a entraîné la démission du ministre de l'Éducation et du premier ministre. Dix ans plus tard, un nouveau ministre de l'Éducation se mettait lui aussi en tête de toucher au fragile équilibre. Cette fois le ministre souhaitait mieux soutenir les écoles privées. Près de 600 000 personnes ont eu raison de cette réforme, qui a finalement été abandonnée.[68]

Il est permis de voir dans cette histoire, au-delà des rapports de forces, un bon exemple du fonctionnement de la démocratie et d'un compromis social adéquat.

* * *

L'école appartient à la « sphère publique ». Même si elle est privée, elle s'insère dans la poursuite du bien commun, elle remplit une « fonction publique ». Elle relève donc incontestablement, pour une part, de l'État.[69] Mais la primauté de l'État ne supprime pas pour autant la responsabilité des parents. L'école appartient donc aussi, pour une part, aux parents.

1. L'école remplit une fonction publique. Elle relève de la responsabilité de l'État. Il est donc normal que l'État exerce un certain contrôle sur les écoles, toutes les écoles : contenu des programmes, qualification des enseignants, etc. Et il n'y

a pas contradiction pour un État à accepter deux réseaux d'écoles. Au contraire, les écoles privées peuvent recevoir des fonds publics en raison de leur « fonction publique », c'est-à-dire en raison du service rendu à la communauté et à la société. Les deux secteurs peuvent s'intégrer dans la visée et la poursuite du bien commun.

2. Relevant de l'État, l'éducation relève aussi incontestablement de la responsabilité des parents : l'éducation constitue donc une responsabilité partagée. L'enfant n'appartient pas à l'État. Quand on met un enfant au monde, on s'engage à l'éduquer, on se rend responsable de son développement jusqu'à la maturité, y compris avec l'aide de l'État. Ce qui ne donne pas tous les droits aux parents, loin s'en faut – l'enfant appartient d'abord à lui-même –, mais leur attribue une responsabilité indéniable, y compris sur le choix de l'école. Cela est d'ailleurs reconnu officiellement quand on favorise l'implication des parents à l'école publique.

Pourquoi la société devrait-elle *choisir* entre école-bien-public et école-bien-privé, au lieu de conjuguer les deux conceptions? Pourquoi faudrait-il qu'une conception l'*emporte* sur l'autre, qu'un groupe de citoyens *impose* sa conception à l'autre, au lieu d'accepter la diversité et la complémentarité?

Dans notre système éducatif, la démocratie requiert de rechercher l'équilibre en conjuguant notamment liberté, égalité ainsi que solidarité et partage. Foin des idéologies qui voudraient imposer un chemin ou un modèle unique, quitte à tordre les faits ou écraser les aspirations d'une partie de la population.

Le compromis actuel, auquel on est arrivé après des années de discussions, est loin d'être mauvais, notamment si l'on pense à l'ensemble du Québec, avec la variété de ses régions et la diversité des besoins des jeunes. Pourquoi ne pas concentrer tous les efforts à améliorer le compromis actuel au lieu de chercher à abolir le secteur privé?

CHAPITRE 3

Éléments de solutions

Faut-il asphyxier le réseau privé pour que resplendisse le public? Sommes-nous effectivement devant ce dilemme? Vrai dilemme, qui nous met devant le choix : « ou l'un ou l'autre »? Ou faux dilemme, étant donné qu'il existe une troisième voie? C'est ce que croient plusieurs analystes qui prétendent que l'on peut voir les deux réseaux comme partenaires d'un même projet global. Pour cela, il faut agir des deux côtés à la fois : améliorer l'école publique pour la rendre plus performante et attrayante, diminuer les irritants du réseau privé.[70]

Je propose ici quelques éléments de solution dont certains reprennent des pistes signalées précédemment.

Améliorer l'école publique

Pour améliorer le réseau des établissements publics, il y a lieu de regarder du côté des trois partenaires principaux : le gouvernement, les commissions scolaires et les enseignants afin de centrer les efforts sur l'école, là où se fait véritablement l'éducation.

Le gouvernement

Dans un article des plus intéressants de *La Presse*, la journaliste Katia Gagnon signale une priorité : s'attaquer à l'énorme problème des élèves en difficulté et ainsi réparer les dégâts causés par une politique d'intégration mal appliquée. Pour y arriver, précise-t-elle, trois choses s'imposent : « Premier objectif : limiter le nombre d'élèves qui connaissent des difficultés graves dans chaque classe, car la relance du public passe impérativement par un relèvement du niveau général. De plus, il faut absolument augmenter la fréquence des services offerts aux enfants à problèmes. Il n'est pas normal qu'un élève végète trois ou quatre mois avant d'obtenir une consultation avec un professionnel parce qu'on manque de places. Et dans l'immédiat, il faut maintenir les classes à cheminement particulier, où sont rassemblés les élèves les plus en difficulté. »[71]

L'amélioration n'est pas d'abord une question d'argent : établir des classes à cheminement particulier coûte cher à première vue, mais peut-être moins qu'il ne semble si cela permet d'améliorer le travail de l'ensemble des enseignants en diminuant le nombre d'enfants difficiles dans les classes régulières. Mais c'est incontestablement aussi une question d'argent. Où en trouver? L'argent mis ailleurs, par exemple dans une réforme pédagogique largement contestée[72] qui draine temps et énergie, ne serait-il pas mieux placé ici? Il est dommage, par ailleurs, que, dans certains milieux, on écarte *a priori* l'idée même d'augmenter les impôts[73] – ou de les maintenir à leur niveau actuel – pour que soient augmentés les divers services et maintenue au besoin, dans toutes les régions du Québec, la dernière école de village ou de quartier.

Parler du « maintien de la dernière école de village ou de quartier » amène à constater que l'avenir du réseau public est lié à toute la politique de natalité et d'immigration, du peuplement des centres-villes et de la revitalisation des régions. Penser régler le problème en diminuant ou supprimant les subventions à l'école privée est d'un ridicule consommé. C'est à autre chose qu'il faut penser. Entre autres, prendre occasion de cette baisse de natalité pour restructurer le secteur public : gigantisme de certaines écoles, bureaucratie, centralisation, climat d'anonymat, etc.

Un changement particulier s'impose sur le plan des règles budgétaires. Actuellement, on l'a signalé, l'école privée ne reçoit aucune subvention pour des élèves en difficulté si elle ne se consacre pas exclusivement à cette tâche. Si on veut que l'école privée assume davantage de responsabilité sociale – soulageant pour autant le secteur public –, ne faut-il pas que le gouvernement lui accorde pour chaque élève en difficulté une subvention analogue à celle que reçoit le secteur public?

Globalement, enfin, il y a lieu d'assurer plus d'autonomie à l'école. C'est là, en effet, que se réalisent l'éducation, l'art éducatif, le contact avec les jeunes. Là que se créent et se réalisent les projets novateurs réalistes. Une part du « succès » des établissements privés tient à leur autonomie. La direction y jouit d'une grande cohésion et stabilité. Elle peut mettre facilement sur pied des projets particuliers. Elle peut

Accorder plus d'autonomie

Robert Desruisseaux

■ Deux autres recommandations (d'une étude comparative des réseaux d'enseignement public et privé commandée par le Conseil scolaire de l'île de Montréal en 1976) concernent plus spécifiquement la rentabilisation du réseau public. On préconise que le régime de décentralisation administrative du MEQ vers les commissions scolaires et vers les écoles soit instauré dans les plus brefs délais et que des négociations soient entreprises immédiatement auprès des personnes ou organismes concernés pour rendre possible au niveau de chaque école l'instauration d'une véritable démarche de gestion participative.[...]

À la suite de la présentation de ce rapport comparatif sur l'enseignement public et privé, les commissaires du Conseil scolaire de l'île ont adopté des résolutions incitant les commissions scolaires à ouvrir des écoles publiques possédant de plus en plus la vocation et les caractéristiques des écoles privées.[...] Ils préconisent une démarche permettant aux commissions scolaires de bénéficier de la même autonomie que les écoles privées. [...] Ils voudraient libérer le secteur public des normes rigoureuses, de la réglementation méticuleuse et des contrôles rigides qui tendent à l'étouffer.

La revue scolaire, octobre 1976

réagir rapidement s'il y a un problème. Le réseau public ne pourrait-il pas en faire autant, sans qu'il soit question d'argent neuf? N'y a-t-il pas de nouvelles libertés à donner aux directeurs d'école afin qu'ils puissent davantage susciter des projets collectifs? Les instances gouvernementales parlent souvent d'autonomie de l'école, de projet particulier, mais comment y arriver quand la direction a peu de pouvoir? Au sujet du budget, par exemple, quelle marge de manœuvre possède l'école? N'y a-t-il pas trop de budgets spécifiques (enveloppes fermées)? Par exemple, l'aide aux devoirs peut très bien ne pas être une priorité pour telle école : pourquoi y lier un budget? (Voir p. 98)

Les commissions scolaires

La première piste à explorer ici est d'ordre administratif et financier. Le coût de l'appareil administratif des commissions scolaires en 2003-2004, par exemple, s'est élevé à 450 $ par élève, ce qui totalise 435 millions de dollars, selon l'indicateur de gestion du MEQ, soit 6,3 % du coût total du système d'éducation primaire et secondaire. C'est beaucoup. Cela est-il totalement justifié? D'autant plus qu'il existe, en parallèle, l'appareil administratif du Ministère : les 1500 fonctionnaires coûtent 121 millions, soit 1 % du coût total du système. Y a-t-il double emploi? Y a-t-il manque d'efficience dans les commissions scolaires? N'y a-t-il pas alors des économies à réaliser sur ce plan? [74] Et, d'un autre côté, n'y a-t-il pas des doubles emplois à supprimer entre commission scolaire et direction d'école?

Dans la perspective de donner plus d'autonomie aux écoles, il y a peut-être lieu d'ajouter de nouvelles libertés aux directions d'école, je viens de le dire, mais surtout de les aider à profiter des pouvoirs que la loi leur reconnaît déjà. En effet, comment une école peut-elle être autonome quand le directeur est imposé à l'école, quand celui-ci n'a rien à dire sur le choix de ses adjoints, quand la stabilité des enseignants est aléatoire? Simple exemple : une école prépare un projet, mais l'année suivante certains enseignants impliqués sont déplacés! Les directions d'écoles doivent souvent faire toutes sortes d'acrobaties pour passer à travers les maillons des normes administratives et des règles des conventions collectives. La « réunionnite » constitue aussi, parfois, un mode de contrôle indirect de la part de la commission scolaire, soit en imposant subtilement l'uniformité, soit en retirant trop longuement la direction de son milieu. Déjà au XVIIe siècle, le roi Louis XIV excellait dans l'utilisation de ce mode de contrôle en retenant son aristocratie à la cour!

À un autre point de vue s'impose l'objectif d'offrir des parcours scolaires diversifiés pour répondre aux besoins et talents divers des élèves. Il importe, entre autres, de créer et maintenir des écoles ou des classes à vocation particulière, certaines centrées sur le scolaire (classe enrichie, section internationale) qui n'admettraient que les élèves plus doués intellectuellement, d'autres qui répondraient à des besoins différents (sport-études, musique-études, danse-études, etc.), sans oublier de favoriser le secteur professionnel qui correspond aux talents de certains jeunes et répond à des besoins de la société. Pourquoi le modèle *idéal* d'école de quartier ne serait-il pas une école hétérogène avec des classes homogènes où les jeunes sont regroupés moins par âge que par centres d'intérêt, aptitudes et rythmes d'apprentissage? Ce milieu serait beaucoup plus proche de la réalité. L'existence d'un large éventail de choix constitue une façon de motiver, de valoriser les élèves et, partant, de diminuer le décrochage et préparer pour l'avenir. Les parents eux-mêmes insistent sur l'importance de la liberté de choix. L'école privée drainerait peut-être moins d'élèves s'il y avait plus de choix au public. Dans cette perspective, la remise en cause du programme de musique à l'école Pierre-Laporte, à Montréal, par extinction prochaine des subventions du Ministère, est une véritable honte. Elle illustre bien le manque de vision de celui-ci en certaines occasions.

Un point particulier mérite considération : la formation de groupes d'élèves stables : groupes-classes ou unités de forma-tion de trois ou quatre classes.[75] Le sentiment d'appartenance est un besoin fondamental de l'être humain. Les adolescents ont besoin de vivre en groupe. Le groupe est un outil irremplaçable de socialisation et d'apprentissage, notamment au sein d'une polyvalente où règne l'anonymat. Supervisé par un bon titulaire, le groupe-classe vaut infiniment mieux que la plupart des « gangs » au sein desquels les adolescents se réfugient lorsque l'école ne leur fournit pas elle-même cette expérience de vie.[76] L'existence de tels groupes contribue à la qualité des écoles privées. Pourquoi ne pourrait-on pas les retrouver davantage au public? Rien ne s'y oppose sinon une idéologie ou la routine gestionnaire. (Voir p. 102)

Certains observateurs émettent des critiques très dures à l'en-droit des divers agents du système public. Ce n'est pas sans raison que l'on parle d'une « crise de l'école » et de l'insatis-

Diminuer la bureaucratie

Émile Robichaud, pendant 18 ans directeur de l'école secondaire publique Louis-Riel de Montréal et 14 ans membre du CA d'une école privée

■ Tant et aussi longtemps que le secteur public s'empêtrera dans ses chicanes, dans sa bureaucratie, dans ses querelles stériles, les parents continueront à se tourner vers le privé. Je reste persuadé que si le secteur public offrait aux parents un véritable choix d'écoles, et consacrait toutes ses énergies à épauler les éducateurs de grandes qualités qui y œuvrent, les parents lui feraient confiance.

L'affaire de la concentration musique de l'école Pierre-Laporte – une école publique – illustre bien le manque de vision du secteur public. Voici une école « hors normes » : un scandale bureaucratique! Normalisons-la, un point c'est tout! – Mais, Pierre-Laporte, c'est une « locomotive »! Tout autre secteur d'activité que le secteur public d'éducation en ferait une « référence ». Le secteur public, lui, la sabotera.

Voilà ce dont souffre le secteur public. Il ne voit souvent pas plus loin que la prochaine élection. Il n'accepte pas facilement qu'une institution relève la tête et sorte du rang. Il envie le succès du privé au lieu de se demander pourquoi les parents y envoient leurs enfants. Les écoles privées ont respecté la loi et répondu aux attentes des parents. Le secteur public s'est entêté à offrir aux parents ce dont ils ne voulaient pas. Il voudrait maintenant leur enlever la liberté d'exercer le choix.

Pour renverser la situation, il faudrait que le secteur public écoute un peu plus les parents et les praticiens de l'enseignement, et un peu moins les ténors syndicaux, les bureaucrates désincarnés et les théoriciens prétentieux dont la langue de bois et les dogmes fumeux découragent tout dialogue fructueux.

La Presse, 29 mars 2005

faction des parents. Le journaliste Gil Courtemanche estime même que « l'école est bien plus en crise que l'hôpital », même si elle occupe moins nos esprits.[77]

Les enseignants

Quant aux enseignants et à leurs syndicats, ils ont eux aussi à faire leur autocritique pour éviter l'attitude idéologique et chercher la flexibilité que les contextes exigent. Les enseignants et les professionnels du secteur public ne sont pas moins talentueux, moins imaginatifs, moins dévoués que ceux du privé. Le problème est plutôt du côté du climat de travail, de la rigidité des conventions collectives (notamment la règle de l'ancienneté), de la lutte de pouvoir, de la facilité à multiplier les griefs, etc.[78], qui grugent énergies et argent, minent la créativité et l'enthousiasme, empêchant chacun de donner sa pleine mesure.

En lisant quelques textes de la Centrale des syndicats du Québec (CSQ), signalés précédemment, j'ai glané pourtant certains constats qui s'avèrent autant de pistes à explorer. Les établissements locaux ont besoin de plus d'autonomie pour se responsabiliser par rapport à l'intérêt commun. Dans le partage des tâches, certains enseignants se préoccupent trop de défendre leurs privilèges. Avec les élèves de milieux défavorisés, on offre parfois des programmes moins exigeants et on a des attentes moins grandes.

La question de l'épuisement professionnel des nouveaux enseignants est particulièrement préoccupante. Selon la CSQ, certaines données indiquent que 20 % des nouveaux enseignants

La taille de l'école

Jean-Paul Desbiens, éducateur, ancien haut-fonctionnaire au
ministère de l'Éducation

■ Et d'abord, si on a tant besoin de « services », c'est
justement que les écoles sont trop grosses. Le premier
« service » d'une école, c'est d'en être une; c'est pas d'être
une réplique du complexe industriel nord-américain.

Mais on a commencé par créer des villes d'adolescents et
ensuite, il a fallu mettre sur pied tous les services d'une
ville, et d'une ville artificielle, qu'on remplit tous les matins
et qu'on vide tous les soirs; une ville qui ne fournit donc pas
les situations, les contre-forces, bref l'équilibre naturel, si
l'on peut dire, d'une ville ordinaire. On songe ici malgré soi à
la blague classique sur le mariage : « Le mariage est une
institution qui aide à supporter tous les problèmes qu'on
n'aurait jamais eus sans lui ». Ou à l'autre blague, bien
meilleure : « La psychanalyse est une maladie qu'elle prétend
guérir ». La polyvalente est une erreur qu'elle prétend
corriger. [...]

On a parachuté des villes d'adolescents dans des champs et
on trouve que la police et le transport coûtent cher.

Dans *Cahiers de Cap-Rouge*, vol. 11, nº 1 (1983)

abandonnent la profession durant les cinq premières années; le tiers des autres souffriraient d'épuisement professionnel : ce qui affecte donc environ 46 % des jeunes enseignants. Il y a là quelque chose de troublant. Quelles en sont les causes? Manque de soutien des administrateurs? Manque de savoir-faire des enseignants? Absence généralisée de mesures d'intégration des nouveaux diplômés? Leur donne-t-on les classes les plus difficiles? Leur demande-t-on des tâches différentes d'une année à l'autre? N'y aurait-il pas alors un problème d'éthique et de solidarité entre les enseignants?

Plus largement, la fatigue des enseignants, jeunes et anciens, tient pour une part à la difficulté de la tâche et au manque de ressources, mais aussi à l'importance du climat de l'école, de l'encadrement des élèves, de la discipline, de la politesse, du vouvoiement, de l'habillement, de l'attention aux personnes, du souci de stimuler les élèves... bref de l'« effet école ». Cela constitue d'ailleurs un motif qui amène certains parents à choisir l'école privée. Rien n'empêche l'établissement public de faire de même. Question de courage et de solidarité entre les éducateurs, de ferveur et de générosité. Il existe des écoles publiques qui obligent les élèves à vouvoyer les adultes. Je connais une classe d'« élèves difficiles » où l'enseignante l'exige : cela aide grandement à calmer l'effronterie et à assainir le climat, confie-t-elle, et ça ne coûte rien.

La taille de l'école ne joue-t-elle pas un rôle important à toutes sortes d'égard, même s'il n'est pas déterminant? (Voir p. 104)

Les activités parascolaires jouent un rôle majeur : d'un côté, dans la motivation des élèves, le sentiment d'appartenance, la persévérance à l'école, l'épanouissement des jeunes et, d'un autre côté, dans le pouvoir d'attraction et de recrutement de l'école (le privé ne se prive pas pour miser là-dessus). Mettre sur pied une gamme d'activités culturelles et sportives joue un rôle important, affirme Katia Gagnon, dans la performance et le marketing de l'école publique. De tels programmes d'activités pourraient être organisés en partenariat avec les municipalités. Progrès intéressant : le décret de décembre 2005 (projet de loi 142) inscrit les activités parascolaires dans la tâche de l'enseignant. Mais le plus important viendra de l'initiative, de la générosité et du sens des responsabilités des personnes.

Est-ce que la création d'un ordre professionnel contribuerait à améliorer la situation de l'école publique? Un ordre, une corporation qui permettrait aux enseignants de contrôler leur profession, d'assurer la compétence des membres, de définir les règles de pratique de la profession et les exigences de la formation. Le syndicat actuellement n'est-il pas en conflit d'intérêts en visant deux objectifs différents : la protection des membres et la promotion de la qualité de l'éducation? Les enseignants ont refusé, en 2004, l'offre faite par le gouvernement de créer un tel ordre professionnel, mais le Conseil interdisciplinaire du Québec y était favorable. Le rôle d'un syndicat est différent de celui d'un ordre professionnel, il n'emprunte pas le même angle d'analyse des questions, il n'utilise pas les mêmes moyens d'action. Les médecins, les infirmières, les ingénieurs ont bien les deux institutions...[79]

Réajuster l'école privée

S'il est injuste et contre-productif de chercher à valoriser le réseau public aux dépens du réseau privé, celui-ci a aussi, de toute évidence, besoin d'améliorations. Les unes dépendent du gouvernement, les autres, des gens impliqués dans le réseau. D'un côté, les gens du secteur privé, conscients des effets du réseau d'écoles privées sur l'ensemble du système scolaire, devraient aiguiser leur sens de responsabilité sociale et prendre des mesures correctives opportunes. Certaines se situent exactement dans l'esprit du fondateur de l'école ou de la communauté qui administre l'établissement. D'un autre côté, les politiciens devraient cesser d'avoir « mauvaise conscience » de soutenir le privé et considérer ce réseau comme un réel partenaire du système d'éducation national.

Dans la poursuite des ajustements à apporter, il faut se garder cependant de pousser la ressemblance avec le réseau public au point où les établissements privés perdraient leur caractère propre et leur objectif particulier.

Analysons quelques plages (clientèle, gestion, valeurs), sans toutefois oublier la variété qui existe déjà dans les établissements privés.

La responsabilité gouvernementale

Devant les abus révélés par les journaux ces dernières années, même si ceux-ci restent minimes par rapport à l'ensemble, il s'impose que le gouvernement prenne davantage ses responsabilités. Le Ministère doit notamment prendre tous les moyens pour s'assurer que les programmes de cours officiels soient respectés dans toutes les écoles et que tous les enfants québécois reçoivent une éducation de qualité. Il devrait voir aussi à ce que les subventions servent à l'enseignement (et non à quelque œuvre connexe), et à l'enseignement des matières séculières auxquelles elles sont destinées.

La clientèle

La sélection de la clientèle constitue la première plage à explorer. Divers aspects sont à considérer.

Accepter des élèves des classes socio-économiques moyennes et pauvres, plusieurs écoles privées le font déjà, la plupart offrent même des bourses à cet effet. Accepter des élèves qui ont un retard scolaire, qui présentent certains troubles d'apprentissage et de comportement, plusieurs le font déjà aussi. Dans l'un et l'autre cas, certaines institutions pourraient faire davantage. Cependant, si l'on veut vraiment que les écoles privées partagent davantage cette responsabilité sociale, il faut leur en donner les moyens, notamment leur donner la même subvention que le gouvernement donne aux écoles publiques pour les élèves en difficulté. Par ailleurs, plutôt que de rêver que chacune des écoles assume cette « responsabilité sociale », ne pourrait-on pas penser en terme de réseau? À savoir, que le réseau des écoles privées dans son ensemble assume sa part de responsabilité sociale, sans que chacune des écoles fasse la même chose. Par exemple, vouloir que Brébeuf à Montréal ou Jésus-Marie à Québec acceptent des élèves intellectuellement faibles n'est peut-être pas profitable pour ces élèves ni pour la société.[80] Pas plus que d'obliger les sections internationales des écoles publiques à faire de même. Ni de classer les « faibles » dans des classes de maths 436 et 536. Enfin, du point de vue de la société, il est heureux qu'il y ait quelques écoles de « forts » (en lettres, sciences, arts ou sports) pour mettre au défi les plus doués. Il y a parfois, au Québec, une critique de l'élitisme exagérée et démobilisante.

Les élèves gravement handicapés ou affectés de troubles sévères d'apprentissage et de comportement (EHDAA) requièrent un questionnement spécifique. Il existe 11 écoles privées qui se spécialisent auprès de ce type d'élèves, en collaboration étroite avec les commissions scolaires : elles sont subventionnées à cet effet au même titre que les écoles publiques. Tout le monde semble heureux de la solution. D'autres écoles accepteraient vraisemblablement quelques cas de cette nature si les règles financières gouvernementales leur en donnaient la possibilité : les subventions sont actuellement réservées aux seules écoles spécialisées. Il serait facile de changer la réglementation. Et cela répartirait mieux la responsabilité de la société vis-à-vis de ces enfants démunis.

Pour favoriser la mixité sociale, certaines écoles privées pourraient accepter une proportion de jeunes immigrants plus grande que maintenant. Mais comment faire? Le problème vient peut-être davantage des immigrants eux-mêmes, qui ne se présentent pas aux examens d'entrée, que des écoles qui les refusent. La demande s'oriente souvent « naturellement », les familles sachant intuitivement quelle offre scolaire correspond à leur attente.

L'esprit d'équipe
Jean-Luc Migué, professeur à l'École nationale d'administration publique

■ L'école qui performe, l'excellente école, c'est celle qui a réussi à bâtir un esprit d'équipe, par opposition à l'esprit et au contrôle bureaucratique traditionnel. Qu'est-ce que veut dire « esprit d'équipe »? Une école qui a l'esprit d'équipe, c'est une école où le sens de la mission et les buts académiques sont très clairement explicités pour les parties à l'entreprise. C'est celle où les relations interpersonnelles entre les parties, les enseignants, la direction, les élèves, les parents, ces relations sont très intenses et prennent une importance plus grande que la simple transmission d'un curriculum.

Communication à l'Assemblée générale de l'AIES,
novembre 1988

Garder la clientèle qu'elles admettent constitue un autre défi pour les écoles du réseau privé. Problèmes de discipline, problèmes de drogue, mauvais résultats scolaires, que faire? Les établissements ne devraient pas se décharger des cas difficiles, à moins que ceux-ci ne dépassent clairement leurs ressources éducatives. L'ensemble des écoles privées me semblent très conscientes de leur responsabilité de mener leurs élèves jusqu'à la réussite : certaines s'y engagent officiellement. Il existe cependant des exceptions, dommageables pour les élèves en question et qui jettent le discrédit sur l'ensemble.

La gestion participative

On s'interroge parfois sur la participation des parents et enseignants à la gestion de l'école, voire au Conseil d'administration. Elle existe déjà. Très précisément, « la participation des parents à la vie de l'établissement » fait partie des conditions d'admissibilité aux subventions que le Ministre doit respecter. Et, depuis quelques années, les ministres de l'Éducation ont l'habitude d'exiger qu'au moins un parent désigné par ses pairs soit membre du conseil d'administration de l'établissement. En reste-t-on, cependant, au minimum légal ou fait-on davantage? (Voir p. 110)

Plus largement, concernant l'ensemble de la vie de l'école, les parents sont-ils appréciés uniquement pour les dons et les tâches exécutives ou les voit-on comme des collaborateurs positifs de l'éducation de leurs enfants? Très souvent parents, enseignants et direction de l'école privée sont sur la même longueur d'onde : cela facilite la collaboration, mais peut-on faire davantage? La même question se pose au public où la

Nature de l'héritage chrétien

Georges Leroux, professeur de philosophie

Il n'est pas nécessaire que nous maintenions une fidélité non-critique à l'égard du christianisme, notre responsabilité est plutôt de tenter, en s'y référant, de voir à chaque fois ce qui peut être compris et édifié dans notre expérience à partir de lui. Une réflexion critique constante sur l'héritage chrétien, tant dans la Bible que dans l'histoire de l'art et de la pensée, demeure le seul instrument nécessaire pour vivifier cette tradition : le grand avantage de l'établissement privé est de pouvoir affirmer l'identité et la richesse de cet héritage, de manière à pouvoir le proposer comme modèle de référence moral et spirituel. C'est ce que suggérait Fernand Dumont dans ses derniers livres, et je pense que nous pouvons reprendre exactement où il a laissé.* En intégrant cette dimension dans la déclaration [Déclaration adoptée par la FEEP], l'enseignement privé assume donc entièrement le projet de réinterprétation de l'héritage chrétien qui constitue pour lui un relais normatif et spirituel essentiel. Cet héritage ne constitue ni une position autoritaire ou dogmatique, encore moins une simple affiliation institutionnelle, mais une position claire de référence dans une situation d'instabilité.

Les valeurs de l'enseignement privé,
conférence à la FEEP le 4 mai 2006

* Fernand Dumont, *Une foi partagée*. Montréal, Bellarmin, 1996 et *Raisons communes*, Montréal, Éditions du Boréal, 1997.

participation des parents aux réunions dépasse rarement le 10 ou 20 %. Une loi n'y changerait rien, le résultat dépend davantage de l'attitude des autorités scolaires.

Les valeurs

Comme beaucoup d'écoles privées ont un caractère religieux confessionnel, il y a lieu de promouvoir le respect de la liberté de conscience et de religion. Cela ne devrait pas empêcher cependant l'institution d'avoir un projet éducatif confessionnel et d'offrir des cours de religion confessionnels en option. Pour répondre aux objectifs du bien commun, il suffirait d'exiger de ces établissements que ces cours contiennent une part d'information sur les autres religions et proposent une attitude d'ouverture et de tolérance. Pour les écoles dites ethno-religieuses, le Ministère devrait exiger aussi un objectif de connaissance de la culture du Québec, marquée par la tradition judéo-gréco-chrétienne, et un effort d'intégration à cette culture.

Plus profondément, on peut attendre des écoles privées qu'elles soient particulièrement attentives à la promotion des valeurs : valeurs humanitaires, morales, spirituelles et religieuses. Quelques-unes sont spécialement à promouvoir chez les jeunes : la justice sociale, le souci de l'autre, le leadership humaniste, l'intériorité, l'ouverture à la transcendance. Cet objectif fait partie du projet éducatif de toute école, mais les urgences de la gestion quotidienne le confinent souvent à la marge. Les écoles privées devraient servir de témoins particuliers. Les initiatives obligeant les élèves à faire un certain nombre d'heures de bénévolat dans la communauté afin de leur faire vivre des expériences de sociabilité et de solidarité, comme cela se fait par exemple au Collège Notre-Dame (comme dans certains établissements publics d'ailleurs), sont très intéressantes à ce propos.

Mais on ne devrait pas négliger de proposer, dans le cadre de la réflexion sur le sens de la vie et avec le souci du développement de l'autonomie, l'exploration de l'héritage chrétien ou celui d'autres traditions propres à certaines écoles. (Voir p. 112)

Comment faire cependant pour que ces réajustements ou d'autres ne relèvent pas simplement d'une loi ou d'un règlement, mais surgissent du sens des responsabilités, du respect des personnes et du devoir d'intégration dans la société? Le défi reste réel.

**

Bref, au lieu de chercher à supprimer le concurrent, pourquoi ne pas favoriser le dialogue et la collaboration? N'est-ce pas ce qu'on essaie d'apprendre à nos enfants et à nos élèves? Dans une lettre à un journal, Mario Asselin, alors directeur général de l'Institut Saint-Joseph, y invite ses collègues avec l'accent approprié : « Je crois vraiment que nous gagnerions à nous fréquenter un peu plus, mes amis du public. Nous avons beaucoup de choses à apprendre de vous, et je crois aussi que certaines de nos manières de faire pourraient vous intéresser. Chaque fois que je participe à des groupes de travail avec des officiers du réseau public, je m'émerveille de ce que nous découvrons à échanger ensemble, pour le plus grand bénéfice des jeunes qui fréquentent nos institutions. [...] Certes, il m'arrive de ressentir un malaise au départ quand je me présente... Je suis " un méchant " du privé! Mais souvent après quelques minutes, nous oublions cette étiquette qui nous empêche de nous voir avant tout comme des personnes, et nous nous mettons au travail en nommant nos tâches communes et les immenses défis de *faire l'école en 2005*! » [81]

CONCLUSION

Le système privé n'est pas important à garder seulement parce qu'il fait partie de notre tradition, mais parce qu'il constitue une richesse pour la société et répond à une exigence démocratique. Sans subvention, il devient une chasse gardée pour les riches. Subventionné adéquatement, comme c'est le cas aujourd'hui, il s'avère un choix social fécond. S'il y a déséquilibre actuellement entre les deux secteurs, ce n'est pas une raison pour en supprimer un ou pour l'asphyxier, mais une occasion d'émulation et de collaboration.

Comme pour beaucoup de choses dans la vie, c'est une question de compromis. Pour le sujet qui nous concerne ici, le Québec a atteint un certain équilibre entre le libre choix et le système unique, entre une liberté de choix absolue et une uniformité tout aussi absolue. Pourquoi le changer?

Pourquoi ne pas appliquer ici ce qu'on favorise ailleurs, par exemple en bioéthique et en environnement, le *principe de précaution* qui requiert de ne pas faire un changement sans être certain qu'il n'engendre pas plus d'inconvénients que la situation que l'on veut améliorer, de ne pas changer un équilibre acquis à moins d'être certain que la nouvelle formule sera meilleure?

Au lieu de nous battre pour ou contre le secteur privé, il est certainement plus productif de conjuguer nos efforts. Au profit de la plus grande richesse d'un pays : ses jeunes.

ANNEXE

Avis du Conseil supérieur de l'éducation

Les projets pédagogiques particuliers au secondaire : diversifier en toute équité

En avril 2007, le Conseil supérieur de l'Éducation (CSE) a publié un long Avis sur la diversification des projets pédagogiques offerts aux élèves du secondaire, en concluant qu'il faut favoriser la diversification de la formation tout en se prémunissant des risques et dérives possibles. En présentant cet avis, les médias de masse ont insisté sur le rejet de la sélection des élèves basée sur le seul dossier scolaire, comme fait supposément le secteur privé, et parfois en dénonçant le privé. Or l'Avis est beaucoup plus complexe et subtil. Présentons sommairement cet avis avant de faire quelques commentaires en lien avec l'étude qui précède.

I - Contenu de l'Avis du CSE

L'Avis du CSE insiste à maintes reprises sur les valeurs et les principes à protéger et promouvoir en éducation. Il souligne fortement la contribution des deux réseaux, public et privé, à la même et unique mission éducative. Je présente simplement le plan d'ensemble du document avant de résumer les grandes orientations qui ont servi aux diverses recommandations et de dégager quelques distinctions essentielles à la compréhension du document.

Plan

– Première partie : description détaillée de la situation, après constat de l'augmentation importante depuis 10 ans de projets pédagogiques particuliers, notamment au premier cycle du secondaire. À la demande des parents. Et partiellement à l'imitation du secteur privé (chapitre 1). Effets, positifs et négatifs, liés à cette diversification (chapitre 2).

– Deuxième partie : réflexions sur quatre éléments du contexte entourant cette diversification : la sélection des élèves, l'intégration scolaire des élèves en difficulté, la réforme pédagogique en cours, la décentralisation.

– Troisième partie : résultat de la consultation faite auprès de nombreux organismes et intervenants.

– Quatrième partie : orientations et recommandations, au Ministre, aux commissions scolaires, aux agents locaux, aux enseignants, aux universités, etc.

Orientations

L'Avis propose quatre grandes orientations qui seront traduites ensuite dans 16 recommandations adressées aux divers intervenants.

1. *Tendre vers une offre de formation diversifiée et accessible à tous les élèves qui le désirent.* Selon les besoins et les intérêts de tous les élèves : élèves ordinaires, élèves à risque, élèves handicapés, élèves en difficulté d'adaptation ou d'apprentissage, élèves performants sur le plan scolaire, etc. Exemples

d'option : art plastique, théâtre, cinéma, sciences, langues, informatique, sport. Sans nuire à la formation de base de qualité. En retardant la spécialisation de préférence au second cycle du secondaire.

2. *Privilégier l'axe local dans la gestion et la régulation de l'offre de projets pédagogiques particuliers.* Donc donner priorité à la créativité locale, en autant que des balises claires soient établies à l'échelle nationale et qu'un mécanisme de régulation soit instauré dans un territoire donné.

3. *Réaffirmer le choix de la société québécoise en faveur de l'hétérogénéité scolaire dans la classe et dans l'école secondaire.* Cela vise à privilégier des classes et des écoles qui reçoivent des élèves de toutes catégories : classes sociales diverses, élèves handicapés, élèves en difficulté, élèves doués. À cet effet, le CSE invite les établissements d'enseignement privés à participer en plus grand nombre à l'accomplissement de la mission d'intégration scolaire des élèves à risque et des élèves handicapés ou en difficulté d'adaptation ou d'apprentissage.

4. *Miser sur la complémentarité des deux réseaux d'enseignement, public et privé.* D'où la nécessité d'établir de nouvelles collaborations entre les deux secteurs afin d'éviter « la dualisation et la hiérarchisation du système d'éducation », soit un système secondaire à deux vitesses. À cet effet le CSE « est d'avis qu'il y a lieu que les deux secteurs d'enseignement partagent les mêmes contraintes, aient accès aux mêmes ressources et partagent de plus en plus leurs expertises en matière de réussite scolaire et éducative ».

Distinctions importantes

En cours de route, L'*Avis* du CSE fait état de distinctions importantes, claires au départ (p. 6a, 6b), mais subtiles et difficiles à suivre par la suite.

1. *Des écoles aux fins d'un projet particulier*, soit des écoles dédiées à un projet pédagogique particulier où tous les élèves suivent le même programme : études internationales (PEI), sport-études, arts-études, sciences, informatique, projets alternatifs, écoles pour raccrocheurs. En 2004-2005, il y en a 16 au Québec. Elles requièrent une approbation particulière du Ministre. Elles *sélectionnent* presque toutes sur la base du dossier scolaire (car les élèves doivent faire le programme scolaire en moitié moins de temps que dans les écoles régulières) et sur les talents sportifs ou artistiques (puisque l'objectif de ces écoles est de préparer de futurs athlètes et de futurs artistes en collaboration avec des organismes extérieurs à l'école).

2. *Des écoles qui ont des projets pédagogiques particuliers applicables à un groupe d'élèves* dans la même école. L'Avis parle peu de la diversité de parcours offerte au second cycle (formation générale, formation générale appliquée et formation axée sur l'emploi) et ne les remet aucunement en cause (p. 17a, 26, 54b). Il insiste sur les options ou les concentrations offertes à l'initiative de l'école ou de la commission scolaire : arts-études, sport-études, programme international, informatique, langues, sciences, multivolets. À cet égard, l'Avis distingue :
– les options où la *sélection* des élèves se fait par l'école sur la base du dossier scolaire;
– et celles où l'élève choisit lui-même ce qui convient à ses centres d'intérêt, goûts et aptitudes. En ce dernier cas, l'Avis

refuse de parler de « sélection » puisque c'est l'élève lui-même qui choisit parmi les options présentées.

II - Commentaires

À la suite de cette présentation, divers commentaires en lien avec les analyses et les propos du présent livre s'imposent.

Description de la situation

Je note quelques affirmations qui recoupent les miennes :
- difficulté à avoir les chiffres exacts (p. 6a, 12, 57a, 61a);
- le privé a servi de modèle stimulant au secteur public en ce qui concerne la diversification des projets pédagogiques (p. 13b);
- les écoles privées qui pratiquent une sélection basée sur le dossier scolaire sont très peu nombreuses et sont situées surtout en milieux urbains (p. 21b, à l'encontre de la p. 5b).

Sélection

La recommandation 10 demande « de renoncer aux pratiques de sélection des élèves sur la seule base des performances scolaires et de miser sur des critères plus inclusifs, notamment : intérêt et motivation de l'élève, engagement dans le projet de formation, engagement dans les études ». Selon le CSE, cette sélection a un effet négatif structurant sur le système éducatif (p. 56b).

Notons d'abord que, telle que formulée, la recommandation correspond à la pratique de la plupart des écoles privées.

Notons ensuite que le CSE ne remet pas en cause les écoles à projet particulier (PEI, sport-études, arts-études) et la sélection requise. Il demande seulement une coordination provinciale (p. 48b). Il ne remet pas en cause les parcours offerts au second cycle. Il favorise l'offre de projets particuliers (cours à options), notamment au premier cycle, où le choix des options est laissé aux élèves. Le CSE juge qu'il ne s'agit pas de sélection.

La recommandation 10 est intéressante et stimulante. Mais, il ne faut pas se tromper : quand le CSE se prononce contre *la sélection basée sur le seul dossier scolaire*, il dénonce une pratique peu répandue aussi bien dans le réseau privé que public.

Intégration et classes hétérogènes

Le CSE favorise résolument l'intégration scolaire : mixité sociale, intégration des élèves en difficulté, douance. Aussi privilégie-t-il les classes et les écoles dites hétérogènes. Cependant...
– il favorise l'intégration des élèves en difficulté dans la mesure où cela est bénéfique pour eux. Cette orientation ne s'oppose donc pas à l'organisation de classes et même d'écoles spécialisées quand l'intérêt des élèves le requiert (p. 23);
– bien plus, s'il y a intégration, il faut que l'école (et, en aval, la commission scolaire et le Ministère) y mette les ressources nécessaires, en éducateurs et en argent. Quoique ce ne soit pas d'abord une question d'argent (p. 48a);
– de toute manière, le nombre d'élèves en difficulté ne doit pas dépasser un certain seuil, au risque de perturber l'apprentissage des autres élèves (p. 47b, 58b);
– par ailleurs, la présence d'options ou de *projets pédagogiques particuliers applicables à un groupe d'élèves* introduit par elle-même une certaine homogénéité encouragée par le CSE.

Pour le CSE, l'idéal d'intégration et de promotion de classes hétérogènes admet donc des exceptions et des atténuations pratiques importantes.

Le secteur privé

Le CSE souhaite qu'il y ait plus de collaboration et de coopération entre les secteurs public et privé. Il loue la saine émulation qui peut exister entre les deux réseaux (p. 47a). Il demande notamment que le secteur privé partage davantage la responsabilité sociale de la formation des élèves en difficulté en jouant un rôle plus grand dans l'intégration des élèves à risques, des élèves en difficulté et des élèves handicapés. Dans l'*Orientation* 4, le CSE affirme que les écoles privées devraient recevoir à cet effet des fonds équivalents à ceux des écoles publiques, même s'il ne le répète pas dans les *Recommandations* 5 et 6.

Facteurs de succès

Au fil du texte, le CSE signale divers facteurs qui contribuent au succès de la mission de l'école. Plusieurs rejoignent les propos tenus dans le présent livre :
- importance du sentiment d'appartenance, de l'*effet-école* pour la qualité de la formation (p. 27b; 53b; 57a);
- fécondité des groupes stables d'élèves (p. 51a);
- compatibilité de l'objectif « d'égalité des acquis » avec le respect des différences (p. 52a);
- besoin d'équipes d'enseignants motivés (p. 27a). On peut y déceler une subtile allusion à des aménagements aux conventions collectives de travail;
- importance de la décentralisation (p. 27a, 27b, 52b, Orientation 2).

Ambiguïtés

Malgré sa clarté d'ensemble, le document du CSE est difficile à comprendre à cause de certaines notions subtiles, pour ne pas dire ambiguës :

– *Sélection*. Le mot désigne uniquement le choix fait par l'institution. Il ne s'applique pas quand le choix de cours ou de concentration est fait par les élèves;

– *Complémentarité*. Malgré l'historique de la page 15a, la controverse entourant ce mot est évacuée par la suite (Cf la note 2 dans l'introduction, p. 14);

– *Homogénéité*. Malgré la priorité accordée à l'hétérogénéité (des classes, des écoles), l'Avis encourage un régime d'options qui implique une certaine homogénéité.

Conclusion

Bref, la fécondité des orientations proposées par le CSE ne fait pas de doute. Elles ne constituent cependant pas des ukases aux yeux même du CSE. Le mot « orientations » le dit. Elles admettent des exceptions, des modalités et des atténuations diverses.

Plus précisément, l'Avis du CSE ne constitue pas une légitimation explicite du secteur privé – le CSE le prend plutôt comme un acquis – mais ses propos et ses analyses rejoignent, parfois jusque dans les détails, la perspective du présent manuscrit.

DU MÊME AUTEUR

- *Éthique de la rencontre sexuelle*, Montréal, Fides, 1971, 192 p. Traduit en italien : Citadella Editrici, Assisi, 1974,

- *Mariage, rêve et réalité*, avec Boulanger V., Bourgeault G., Hamelin L., (coll. Héritage et projet 14), Montréal, Fides, 1975, 205 p.

- *Sexualité et foi*. Synthèse de théologie morale (coll. Héritage et projet 19), Montréal, Fides, 1977, 426 p. Traduit en portugais : Edicoes Loyola, Sao Paulo, 1989.

- *Quelle vie? Perspectives de bioéthique*, Montréal, Leméac, 1978, 121p. Traduit en italien : Edizione Dehoniane, Napoli, 1981.

- *Quel avenir? Les enjeux de la manipulation de l'homme*, Montréal, Leméac, 1978, 256 p.

- *La déconfessionnalisation de l'école ou le cas de Notre-Dame-des-Neiges*, avec Durand J., Proulx L., Proulx J.-P., Montréal, Libre Expression, 1980, 275 p.

- *Choisis ta vie. Lettre d'un père à ses adolescents*, Montréal, Libre Expression, 1982, 277 p.

- *L'éducation sexuelle. Livre de référence pour parents, enseignants et les autres*, Montréal, Fides, 1985, 280 p.

– *La bioéthique. Nature, principes et enjeux* (coll. Bref) Paris / Cerf et Montréal/ Fides, 1989, 127 p. Traduit en portugais : Paulus, Sao Paulo.

– *Vivre avec la souffrance, avec Malherbe J,-F.*, Montréal, Fides, 1992, 120 p.

– *Le Credo de la vie, avec Jocelyne Massé*, Montréal, Fides, 1996, 102 p.

– *Introduction générale à la bioéthique : histoire, concepts et outils*, Montréal/Fides, Paris/Cerf, août 1999 (réédition 2005), 550 p.

– *Histoire de l'éthique médicale et infirmière*. Contexte socioculturel et scientifique, avec Andrée Duplantie, Yvon Laroche, Danielle Laudy, Montréal, Les Presses de l'université de Montréal / Les Éditions inf., 2000, 360 p.

– *Le pays dont je rêve. Regard d'un éthicien sur la politique*, Montréal, Fides, 2003, 320 p.

– *Le Québec et la laïcité. Avancées et dérives*, Montréal, Éditions Varia, 2004, 320 p.

– *Pour une éthique de la dissidence. Liberté de conscience, objection de conscience et désobéissance civile*, Montréal, Liber, 2004, 150 p.

– *Six études d'éthique et de philosophie du droit*, Montréal, Liber, 2006, 154 p.

NOTES

INTRODUCTION

1. Les chiffres diffèrent souvent selon les auteurs. Le site du gouvernement ne donne pas toujours la date de l'année concernée et, pour une même année, il ne donne pas toujours des chiffres concordants.

AVANT-PROPOS

2. Au début des années 1960, il n'y avait pas 50 % des jeunes qui fréquentaient une école secondaire, publique ou privée, classique ou non (Rapport Parent).

3. Josée Boileau, *Le Devoir*, 11 mars 2005; surtout Myriam Simard, *L'enseignement privé, 30 ans de débats*, IQRC / Les Éditions Themis, 1993, notamment p. 63.

4. Le processus lié à l'adoption de la Loi sur l'enseignement privé dura deux ans. Il donna lieu à plusieurs projets de loi. Il se termina en décembre 1968 par le vote unanime de l'Assemblée nationale. Les règlements furent adoptés en 1969.

5. Cependant, certaines écoles primaires (juives, arméniennes, grecques) continuèrent de profiter du régime d'association et donc de subventions à 100 %, notamment pour favoriser l'intégration des élèves au secteur francophone (Simard, p. 125-134; Arlette Siboni Corcos, *Montréal, les Juifs et l'école*, thèse de Ph.D, Université de Montréal, 1993, p. 334-343.

6. Parmi les signataires : la Fédération des commissions scolaires, la Fédération des syndicats de l'enseignement, la Fédération des comités de parents. Le texte a été publié dans *Le Devoir* (30-03-2005) et largement commenté dans les médias.

7. *Perceptions des secteurs privés et publics dans l'enseignement*, sondage Léger Marketing, commandé par la FEEP, fait par téléphone en août 2005. Taux de réponse : 52 % des gens rejoints.

8. Quelques jours avant le Congrès, certains porte-parole du PQ reprennent et accentuent les idées du programme sur le sujet (*La Presse*, 27 mai 2006), mais l'Assemblée générale n'a pas suivi (*La Presse*, 11 juin 2006; *Le Devoir*, 12 juin 2006), renouant ainsi avec la pensée de René Lévesque.

CHAPITRE 1

9. Par exemple, l'intervention d'André Caron, président de la Fédération des commissions scolaires du Québec, lors de la Commission parlementaire sur l'éducation le 7 décembre 2004; l'avis de la CSQ au Conseil supérieur de l'éducation, *Diversifier sans sélectionner. Clé pour l'égalité des chances et la réussite du plus grand nombre à l'école publique*, nov. 2005.

10. Divers documents du ministère de l'Éducation; le *Rapport annuel 2004-2005* de la FEEP présenté au ministre de l'Éducation (MEQ), en juin 2005; le numéro thématique du magazine *L'Agora, La paix scolaire*, vol. 11, nº 2, automne 2005; le numéro spécial la revue *L'Actualité*, 15 nov. 2005 (statistiques du palmarès et articles des journalistes).

11. Plusieurs des statistiques d'ordre social présentées par la suite concernent les seuls établissements de la FEEP. Elles semblent caractéristiques de l'ensemble.

12. Lysiane Gagnon, *La Presse*, 12 mars 2005. Voir aussi les statistiques présentées par l'Institut économique de Montréal et publiées dans *L'Actualité*, 15 novembre 2005.

13. Denis Massé, *La situation socio-économique des clientèles du réseau de l'enseignement privé*, étude réalisée pour le compte de la FEEP en octobre 2005, p. 8.

14. Plusieurs des données d'information suivantes viennent d'une enquête de la FEEP menée en mai 2005.

15. Katia Gagnon, *La Presse*, 22 mars 2005.

16. On parle communément des EHDAA (élèves handicapés ou en difficulté d'adaptation ou d'apprentissage).

17. *Portrait des élèves du secteur régulier des écoles secondaires de la FEEP. Rapport provincial et régional*, Recherche André Revert, novembre 2001, p. 18-19.

18. Idem, p. 22, 41-42, 59-62, 69.

19. On compte parfois les écoles juives parmi les écoles ethno-religieuses.

20. Les statistiques suivantes sont tirées d'une enquête de la FEEP auprès de ses membres, en mai 2003.

21. Cette définition et les suivantes sont inspirées de certains textes du Comité catholique du Conseil supérieur de l'éducation.

22. Jacinthe Tremblay, *Nouvelles CEQ*, nov.-déc. 1998, p. 10-13.

23. Jacinthe Tremblay, déjà cité.

24. Avis du CSE, *L'encadrement des élèves au secondaire*, janvier 2004.

25. *Règles budgétaires pour l'année scolaire 2005-2006. Établissements d'enseignement privés agréés aux fins de subventions*, gouvernement du Québec, MELS. Les montants étaient presque identiques en 2004-2005.

26. Soit, selon le niveau d'études : 60 % de 5 000 $ = 3 000 $; 60 % de 4 200 $ = 2 520 $; 60 % de 5 700 $ = 3 420 $.

27. L'« élève à risque » est celui qui a besoin d'assistance, éventuellement temporaire, pour passer à travers une difficulté : maladie, séparation des parents, etc. Il n'a pas à être identifié explicitement dans une catégorie. Mais si on ne l'aide pas, il risque de devenir « élève en difficulté ».

28. Les anciennes catégories (il y en avait 34) n'existent plus parce que la philosophie d'intervention et les règles budgétaires ont changé.

29. Le projet de loi 142 adopté en décembre 2005 ajoute 100 millions de dollars sur trois ans pour l'ensemble des élèves en difficulté.

CHAPITRE 2

30. Sur le sens du mot, voir note dans la partie Introduction, p. 14.

31. Les chiffres donnés sont d'ordre indicatif. Pour plus de précisions, il faudrait tenir compte de la différence de subventions dans les trois secteurs scolaires (préscolaire, primaire, secondaire) et de la proportion d'élèves dans chaque secteur. Il faudrait aussi être attentif à l'année qui sert de base au calcul (Fortin part de 2001-2002, le Regroupement de 2004-2005, etc.), aux coûts inclus dans les calculs (seule subvention de base *per capita* ou autres coûts) et au nombre d'élèves inscrits. Pour les fins de l'actuelle présentation, je prends les chiffres du Regroupement.

32. Le Regroupement est présenté à la note 6.

33. Le débat sur l'économie publique réalisée par la suppression des subventions au secteur privé n'est pas nouveau. Il traîne depuis une quarantaine d'années. La prise en compte de la dénatalité remonte au moins à 1977. Voir Simard, p. 177-179.

34. Pierre Fortin, dans *L'Actualité*, 15 novembre 2004.

35. Denis Massé (oct. 2005), cité note 13.

36. Voir l'opinion analogue de Sylvain Bernier de l'École nationale d'administration publique, « Une idée boiteuse : l'abolition de l'aide aux écoles privées n'est pas une solution durable » dans *La Presse*, 16 mars 2005.

37. Voir détails plus loin page 83.

38. Le sujet est analysé dans *La législation scolaire et l'enseignement privé : questions et réponses*, deuxième édition, août 2002, revue par Me Côme Dupont, p. 28-30. Au sujet de l'avis de la Commission des droits de la personne et des droits de la jeunesse sur le port du voile islamique dans les écoles privées, en juin 2005, voir G. Durand, *Six études d'éthique et de philosophie de droit*, p. 95-96.

39. Georges Leroux, « Les valeurs de l'enseignement privé. Remarques sur la Déclaration de la FEEP », conférence prononcée lors de l'Assemblée générale de la FEEP, le 4 mai 2006.

40. *Québec Science*, numéro spécial, *Objectif Éducation*, octobre 2005, p. 38-40.

41. Cet effet peut se résumer ainsi : le succès de l'élève dépend en partie de ce que l'enseignant attend de lui. Si l'enseignant pense que l'élève est faible, celui-ci progressera peu. Si, au contraire, l'enseignant pense que l'élève est doué, celui-ci progressera beaucoup. Les attentes de l'enseignant vis-à-vis de la réussite de l'élève se traduisent par des comportements dont l'influence sur les résultats de l'enfant est loin d'être négligeable; par exemple : motiver, stimuler, récompenser ou négliger, accabler, punir.

42. Jacques Tondreau, « Diversifier sans sélectionner » dans *Option CSQ*, n° 22, p. 52.

43. Voir la lettre d'Arlette Cousture citée plus loin.

44. Brigitte Bédard, « Comment démolir un être humain? » dans *Présence Magazine*, 15/112 (fév. 2006), p. 7-10.

45. Arlette Cousture, *Le Devoir*, 2 mars 2005. Voir aussi le témoignage de Isabelle Aubin, mère d'un enfant déficient intellectuel léger dans *La Presse*, 12 février 2006.

46. Toujours au sens précisé dans l'introduction, p. 14.

47. J.-F. Bélisle, G. Belzile et Robert Gagné, *La concurrence entre les écoles : un bilan des expériences étrangères*, HEC Montréal, octobre 2005.

48. Pour une étude différente, voir A. Brassard, C. Lessard et J. Lusignan, « La liberté de choix de l'école existe déjà » dans *L'Annuaire du Québec 2004*, Fides, 2005, p. 439-452.

49. Il y a effectivement des écoles qui font des sauts de classement étonnants en un ou deux ans.

50. *L'Actualité*, p. 53 et 55.

51. Annick Bélanger, attachée de presse, CSQ, octobre 2005, sur le WEB.

52. *L'Express*, 28 août 2003.

53. Depuis le milieu du XXe siècle, on peut distinguer quatre grandes périodes pour ce qui est des programmes scolaires : 1965-1969 les programmes catalogues, 1969-1979 les programmes cadres, 1979-1998 les programmes habiletés, 2000 à aujourd'hui les programmes compétences. Cf *L'Agora*, n° 59, p. 13 qui renvoie à *La réforme des programmes scolaires au Québec*, sous la direction de Clermont Gauthier et Diane St-Jacques.

54. Rapporté par Pierre Fortin, dans *L'Actualité*, 15 novembre 2005, p. 84.

55. Voir l'Avis du CSE au Ministre, *L'encadrement des élèves au secondaire*, janvier 2004.

56. Antoine Baby dans *La Presse*, 30 mars 2005.

57. Voir l'Avis du CSE; le numéro spécial de la revue *L'Actualité*, 15 novembre 2005.

58. Bernard Lebleu, dans *Agora*, déjà cité, p. 30-31.

59. Claude Piché, dans *La Presse*, 15 mars 2005.

60. G. Gosselin, « Le choix de l'école par les parents : une tendance mondiale » dans *L'Agora*, vol. 4, n° 1, 1996.

61. Jacques Marois, *La situation de l'enseignement privé dans les dix provinces canadiennes. Éducation préscolaire, enseignement primaire et secondaire*, FEEP, octobre 2005.

62. Les données d'information du document précédent de Jacques Marois ont été complétées par des recherches sur Internet et par des entrevues personnelles.

63. *Commission sur les écoles privées de l'Ontario*, gouvernement de l'Ontario, octobre 1985 (Bernard J. Shapiro, commissaire), p. 9. Ces chiffres sont repris dans une décision de la Cour des droits de la personne des Nations Unies, en 1999, en réponse à une revendication de certains citoyens ontariens.

64. Qui correspondent à nos commissions scolaires.

65. Au cours des ans, diverses communautés religieuses ont voulu profiter des avantages des catholiques. Les tribunaux ont toujours rejeté ces demandes parce que seule la religion catholique est protégée par la Constitution (art.93).

66. Voir « Que reste-t-il du bien commun? », numéro spécial de la revue *Éthique publique*, 6/1 (printemps 2004) notamment p. 69-124.

67. Marie-Andrée Chouinard, *Le Devoir*, 2 juin 2006.

68. Christian Rioux, *Le Devoir*, 2 juin 2006.

69. Voir Guy Bourgeault, « Plaidoyer pour une école publique » dans revue *Possible*, vol. 30, n° 1-2 (hiver-printemps 2005), p. 48-65. Et l'article de Jean-Pierre Proulx, plus développé et plus nuancé que le précédent : « L'Éducation, un bien commun bien particulier » dans la revue *Éthique publique*, 6/1 (printemps 2004), p. 33-39.

CHAPITRE 3

70. Voir, entre autres, les articles de Katia Gagnon dans *La Presse*, 23-03-2005; Émile Robichaud, dans *La Presse*, 29 mars 2005; Michel Venne, dans *Le Devoir*, 13 décembre 2005.

71. K. Gagnon, cité note précédente.

72. Voir les réflexions du Collectif pour une éducation de qualité (CEQ). http://www.agora.qc.ca/ceq.nsf

73. Même s'il est normal de vouloir payer moins d'impôt, l'impôt constitue pour le citoyen le premier moyen de contribuer à établir la justice sociale, et pour l'État, le premier moyen de remplir sa mission de promouvoir le bien commun.

74. Voir *L'Agora*, Bernard Lebleu, p. 28; Marc Chevrier, p. 37-38.

75. Émile Robichaud, « La formation des maîtres au cœur de l'utopie » dans *L'Agora*, automne 2005, p. 38-39.

76. Gary Caldwell et Émile Robichaud, *Qui a peur de la liberté?*, Les Éditions Oïkos, Montréal, 2000, p. 41-42.

77. Gil Courtemanche, *Le Devoir*, 24 février 2007.

78. À l'encontre de l'habitude ancienne à l'effet que les coûts engendrés par les griefs étaient payés par l'employeur, le décret de décembre 2005 (projet de loi 142) impose les frais au perdant.

79. Émile Robichaud, « La formation des maîtres au cœur de l'utopie » dans *L'Agora*. (Voir note 75)

80. Rappelons qu'il n'y a d'ailleurs qu'une dizaine d'écoles privées qui font une telle sorte de sélection.

81. *Le Devoir*, 30 mars 2005.

.

MEMBRE DU GROUPE SCABRINI

Québec, Canada
2007